AF453553

INTRODUCTION

A

L'HISTOIRE DU DIX-NEUVIÈME SIÈCLE.

IMPRIMERIE DE E. GUYOT, SUCC. DE STAPLEAUX,
RUE DE SCHAERBEEK, 12.

INTRODUCTION

A

L'HISTOIRE DU XIXe SIÈCLE

PAR

G. G. GERVINUS,

Professeur d'histoire à l'Université de Heidelberg,

TRADUITE SUR L'ORIGINAL ALLEMAND,

PAR

GONSTANT BERNARD.

BRUXELLES ET OSTENDE.

LIBRAIRIE DE FERDINAND CLAASSEN,

88, RUE DE LA MADELEINE.

1858

PRÉFACE DE L'AUTEUR.

—

Cette introduction à l'histoire du XIX° siècle n'est, comme son titre l'indique, que le fragment et le commencement d'un grand ouvrage. Diverses raisons m'ont engagé à la publier séparément et avant l'ouvrage lui-même : d'abord, son étendue eut encombré le premier volume de l'ouvrage dont je parle, et, en second lieu, son contenu, qui traite de quelques préliminaires historiques, pourrait alarmer des lecteurs que satisferait la partie détaillée. J'aurais regardé ces considérations comme insuffisantes pour me décider à une publication séparée, et encore moins pour anticiper l'ouvrage principal qui peut tarder à paraître ; mais quelques amis, ayant lu cette introduction, ont pensé qu'elle pouvait servir à rassurer ceux qui ont vu s'ébranler leur confiance dans l'avenir, à relever la foi chancelante de ceux qui commencent à douter du présent, enfin à donner un refuge d'espérance à ceux qui ont souffert du naufrage de ces dernières années. L'opinion d'hommes que j'estime a donc mis fin à mes répugnances.

L'habitude que j'ai prise d'étudier l'histoire a calmé de bonne heure en moi ces aspirations ardentes, qui émeuvent les autres

Afin d'assigner à cet épisode historique sa véritable place dans l'histoire moderne, il nous a paru indispensable de jeter un coup-d'œil rétrospectif sur les événements qui ont eu lieu en Europe pendant les derniers siècles. Ces événements, même dans leurs rapports avec des temps plus reculés, nous font voir les États tantôt suivant dans leur développement une marche progressive, tantôt restant stationnaires. Ils nous montrent également les commencements de l'histoire moderne et de la courte période dont nous nous sommes proposé de faire le récit. Si de cet examen introductif il résulte pour nous que l'histoire, en dépit des obstacles et des revirements, a invariablement suivi la même route pendant trois ou quatre siècles, nous arriverons à conclure qu'elle a continué dans cette voie durant les trente ou quarante années dont nous avons été nous-mêmes spectateurs. Dès lors, n'est-ce pas avec raison que nous cherchons à découvrir son but dans l'invariabilité de sa marche, et que nous voulons établir un parallèle entre le passé et le présent afin de pouvoir comprendre notre époque et pénétrer l'esprit de son histoire, ce qui, nous l'avons déjà dit, est l'objet de notre ouvrage?

Pour peu qu'on divise l'histoire en petites périodes, on découvre, en les examinant, qu'elle revêt dans ses manifestations un caractère d'homogénéité dont la cause réside dans des influences prédominantes. Si l'on observe ensuite dans leur ensemble des périodes plus vastes, on est frappé des continuelles vacillations entre des influences opposées luttant contre la prépondérance d'une idée ou d'un mouvement qui cherche à donner l'impulsion. En parcourant la vaste carrière des siècles, on ne peut s'empêcher de remarquer le flux et le reflux perpétuel d'une sorte de courant qui suit un cours déterminé, les progrès d'une idée qui s'efforce de prédominer. Comme c'est le devoir de tout historien, nous chercherons, dans notre histoire des temps modernes, à faire un tableau de ces mouvements pris simultanément, nous bornant dans cette introduction à examiner le progrès des idées dominantes qui ont imprimé aux diverses époques un caractère distinctif.

SECTION II.

—

SOMMAIRE.

Loi de tout développement historique. — Marche suivie par les États de la Grèce dans leur développement. — Marche semblable suivie par les États dans les temps modernes. — Tyrannie en Grèce. — Absolutisme moderne. — Temps d'arrêt dans le développement historique des temps modernes.

Depuis le commencemet de l'ère chrétienne, l'histoire des États de l'Europe présente un ensemble aussi uniforme que celle des États de la péninsule grecque et de ses colonies pendant l'antiquité. A cette époque, comme pendant l'ère chrétienne, le même ordre, la même loi président à la marche de leur développement intérieur. Cette loi, c'est celle que nous voyons encore se révéler dans ses manifestations les plus larges dans l'histoire de l'humanité tout entière. Du despotisme oriental au gouvernement aristocratique de l'antiquité et du moyen âge, gouvernement basé sur l'esclavage et le servage, et de ce dernier gouvernement au système politique moderne encore en voie de développement, il faut constater le progrès régulier de la liberté intellectuelle et civile ; cette liberté, d'abord l'apanage d'un seul, devient ensuite le partage de quelques-uns et finit par devenir, de nos jours, le droit de tous. — Mais, dans les pays où la liberté a fait ses derniers progrès, nous remarquons une tendance rétrograde à redescendre l'échelle du développement de la liberté et à enlever du domaine de tous la civilisation, la liberté, la puissance, pour rendre ces priviléges à quelques-uns et pour en faire finalement l'apanage d'un seul. Telle est la loi du développement historique de chaque État pris séparément, comme aussi du groupe d'États que nous avons mentionné plus haut.

Aristote , avec une remarquable sagacité, avait déjà démontré cette loi dans ses considérations sur l'histoire de la Grèce. Dans les temps les plus reculés, tels qu'Homère nous les décrit, alors que la population était encore peu nombreuse, l'éducation et la richesse, le maniement des armes et leur possession étaient l'apanage exclusif de quelques-uns. La royauté était patriarcale : le roi seul avait des chars, commandait l'armée, présidait aux sacrifices et rendait la justice. Mais bientôt le nombre des hommes instruits, des hommes riches ou capables de porter les armes augmenta ; la cavalerie acquit la supériorité dans les combats, et l'ordre équestre, l'aristocratie, devint le corps gouvernant de l'État. Le pouvoir royal fut restreint comme à Sparte, ou bien aboli partout. Cependant, l'aristocratie, à cause de son égoïsme et de son orgueil, tombait dans la décadence ; la prospérité de la classe moyenne, au contraire, augmentait rapidement : grâce aux progrès faits dans l'art de la guerre, le fantassin avait acquis plus de considération, et il était devenu impossible de se passer des classes inférieures du peuple pour le service de la marine. Ce fut ainsi que, peu à peu, la forme démocratique de gouvernement remplaça la forme aristocratique. Le plus souvent, néanmoins, les États gagnant en puissance et en étendue, leur politique et leur manière de faire la guerre devenant plus systématiques et plus scientifiques, on vit se former des constitutions mixtes dans lesquelles la noblesse, la classe moyenne et les classes inférieures du peuple, ayant chacune des priviléges particuliers, prirent place les unes vis-à-vis des autres. Telle est aussi la marche qu'ont suivie les États de l'Europe pendant les temps modernes, mais dans des proportions plus grandes de nombre, d'espace et de temps.

A une époque fort ancienne, lors de la première invasion des peuplades germaniques et de leur établissement en Europe, ce sont, comme dans l'antiquité, des patriarches qui règnent ; ils sont les chefs à la guerre et ils rendent la justice. Pendant ces temps païens, de même que chez les Grecs, ils fondaient leur prérogative sur leur descendance des dieux. L'on vit même pendant l'ère chrétienne, à certaines époques, des princes, à qui on donna le surnom de « Grand, » s'arroger la suprématie sur les pouvoirs spirituel et temporel et être reconnus par tous comme chefs de ces deux pouvoirs. L'extension successive des lumières, la possession de vastes domaines, l'importance croissante du cheval dans l'art de la guerre donnèrent la prépondérance à l'ordre équestre et à la noblesse féodale.

Le pouvoir royal fut limité ; mais s'il fut généralement maintenu, c'est que la vaste étendue des États rendait nécessaire un centre monarchique, et que la dignité royale se trouvait en quelque sorte sanctifiée et protégée par les récits de l'Ancien Testament et les souvenirs de l'Empire romain. Dès l'instant où la propriété mobilière acquit de la valeur, où le négoce et le commerce devinrent pour les cités une source de richesses, où l'infanterie suisse obtint la supériorité dans les combats, la domination de la noblesse féodale du xv⁰ siècle fut ébranlée. Alors commence une lutte violente qui n'est pas encore terminée aujourd'hui, et dans laquelle la classe moyenne a fait tous ses efforts pour s'approprier à la fois l'instruction, l'influence et la propriété, pendant que les classes inférieures la suivent de près. Dans les pays où cette lutte a eu un dénoûment, il en est fort rarement résulté un gouvernement purement démocratique, comme en possédaient naturellement les municipalités de l'antiquité; mais l'on vit se former, à cause de la grande étendue des États modernes, des constitutions mixtes, ainsi qu'Aristote les avait déjà dénommées.

Grâce à ces changement intérieurs, la transition de la domination du roi au gouvernement oligarchique de l'aristocratie se fit sans difficultés, tandis que de pénibles complications marquèrent la transition du gouvernement de l'aristocratie au gouvernement du peuple. Il fallait, dans le premier cas, que quelques hommes seulement se réunissent, et contre leur union la résistance d'un seul ne pouvait être sérieuse. Mais, dans le second cas, la grande difficulté était de réaliser une semblable union parmi les masses, chez lesquelles l'instruction et les intérêts ne se trouvaient pas partout les mêmes, et dont les possessions fractionnées ne pouvaient lutter avec autant d'avantage que la richesse concentrée entre les mains de quelques familles. Ainsi s'explique la puissante opposition faite au peuple par l'aristocratie. Les nobles, qui possédaient des armes, des châteaux, de vastes domaines, qui avaient le pouvoir exécutif et la juridiction sur leurs vassaux et auxquels le peuple s'était enchaîné par les liens puissants du patronage, étaient étroitement unis entre eux et avec la noblesse étrangère par des intérêts communs. La décadence intérieure de l'aristocratie, ses habitudes de pillage, la négligence, l'hostilité même affectée par elle à l'égard du bien-être général qu'elle sacrifiait toujours à ses intérêts personnels, étaient dans les États de la Grèce des motifs qui justifiaient suffisamment les efforts du peuple pour s'emparer du gouvernement. Néanmoins, ainsi que l'a observé Aristote, il fallait aux masses un chef puissant et habile qui les aidât à renverser leur ennemi, alors même que son but eût été de s'emparer du pouvoir pour lui et les siens. Telle fut l'origine de la domination des tyrans qui régnèrent en Grèce pendant deux siècles environ (700-500 avant Jésus-Christ) et qui frayèrent la route à la démocratie. En effet, bien que la tyrannie ait été pendant longtemps un obstacle au gouvernement du peuple, elle en jeta cependant les bases, en renversant l'aristocratie, son plus dangereux ennemi.

L'histoire de cette transition de l'aristocratie à la démocratie a son parallèle dans l'histoire de l'Europe moderne, avec cette seule différence que tout s'y passe sur une échelle plus vaste, ce qui augmente et aggrave tout particulièrement les obstacles que rencontre le développement des États. Ici aussi nous voyons dans chaque nation la noblesse être le propre instrument de sa ruine. En Espagne, avant et pendant la domination de la maison de Transtamare; en Allemagne, lors des troubles causés par les querelles des seigneurs; en Angleterre, pendant la guerre des Deux-Roses; en France, pendant les guerres désastreuses et les luttes des partis sous Charles VII. Si à ces époques, l'anarchie qui régnait parmi les nobles ruina leur puissance politique, le pouvoir royal, continuant à subsister, se fortifia; car il était nécessaire aux classes inférieures qui commençaient à acquérir de l'influence. Mais, par suite de certaines circonstances particulières aux temps modernes, la démocratie trouva sur sa route des obstacles plus grands que dans l'antiquité. L'aristocratie, dans la chrétienté, se divisa en deux camps opposés; la nouvelle religion fut cause que la culture intellectuelle et les progrès dans la science des armes se séparèrent pour prendre deux directions différentes. Le peuple, qui avait à disputer le pouvoir à cette double puissance, vit échouer ses efforts, car il lui fallait non-seulement essayer ses armes contre celles du noble séculier, mais il fallait encore que sa culture intellectuelle luttât contre celle du noble ecclésiastique. Il avait donc deux révolutions à faire : l'une contre le pouvoir séculier, l'autre contre le pouvoir ecclésiastique. Remarquons de plus qu'avant qu'il y eut de l'union parmi les masses et par suite une véritable force, il fallut bien plus de temps que dans l'antiquité, car les espaces étaient plus vastes sans être plus peuplés. Avant que l'autorité royale eût admis sous sa protection les ordres inférieurs à lutter contre l'aristocratie, nous trouvons, entre le xvᵉ et le xvⁱᵉ siècle, parmi les bourgeois et les paysans, de nombreux cas d'insurrection isolée, dont l'unique résultat fut toujours de causer leur perte. La coopération du peuple avec le pouvoir illimité du prince, le tyran des temps modernes, ne commence que vers la fin du xvᵉ siècle.

Comme on le voit, l'absolutisme moderne et la tyrannie de l'antiquité ne sont qu'un seul et même phénomène et se ressemblent trait pour trait. Ainsi que les tyrans, la plupart de ces souverains, tels que Henri VII, Ferdinand le catholique, Maximilien d'Autriche et d'autres, qui intronisèrent cette politique hostile à la noblesse, avaient été récemment élevés au trône ou bien appartenaient à des familles devenus puissantes par de riches héritages ou des alliances matrimoniales. Leurs armées permanentes peuvent être comparées aux gardes dont s'entouraient les petits rois municipaux de la Grèce ; l'uniformité de leur politique, aux alliances que les tyrans contractaient entre eux et avec les despotes étrangers. Le goût de la magnificence, la protection accordée aux arts et aux sciences, les superbes travaux entrepris pour occuper les masses et les éblouir, tels furent les expédients dont ils se servirent, les uns comme les autres, pour soutenir leur domination. Mais telles furent aussi les causes de la chute de leur puissance usurpée. Pour établir la ressemblance entre ces deux phénomènes, il suffit de constater que l'absolutisme moderne, de même que la tyrannie chez les anciens, n'est que la transition de l'aristocratie à la démocratie.

L'absolutisme a atteint son but: le pouvoir de la noblesse, son ennemi et celui de la démocratie, a été anéanti partout ; grâce à la direction nationale donnée à sa politique, le peuple a enfin compris combien il est fort lorsqu'il est uni ; l'instruction est devenue accessible à tous les rangs de la société ; les classes inférieures ont pu exercer leur industrie librement sans avoir désormais à redouter les rapines ou les priviléges de l'aristocratie ; enfin, l'amour de la liberté et de l'égalité des droits a éveillé le patriotisme, et si la démocratie n'a pu être établie dans toutes ses formes, ses bases esssentielles ont du moins été jetées. Voilà où en est arrivé l'absolutisme ; il a atteint ce résultat non-seulement quand il a abdiqué en faveur du peuple ou de ses représentants, mais il l'atteint encore, lorsque, maître du pouvoir, il croit de son intérêt de s'opposer à ces conséquences, et qu'il s'imagine lutter contre elles.

Le point de vue auquel nous nous plaçons pour étudier ce que l'on nomme l'histoire moderne (c'est-à-dire la période qui s'étend depuis la chute de Byzance jusqu'à nos jours), c'est la transition de l'aristocratie à la démocratie en même temps que l'aide que prête l'absolutisme ou les obstacles qu'il suscite à l'un ou à l'autre alternativement. Ce phénomène embrasse à lui seul cette époque tout entière et tout le Continent. Dans le petit pays de Grèce la transition dure deux siècles ; en Europe, dans ce vaste ensemble d'États, elle est entrée dans le quatrième siècle de son existence. La période comprise entre la fin du moyen âge et notre époque est remplie par la lutte constante des idées démocratiques répandues par la Réforme dans toutes les races contre le système aristocratique du moyen âge et contre l'absolutisme qui hésite entre ces deux principes opposés : on le voit pencher alternativement pour les vieilles institutions de la féodalité ou pour l'ordre nouveau de la bourgeoisie; tantôt soutenu par la classe moyenne et se prêtant à ses vues, il l'aide à humilier l'aristocratie, tantôt, protégé par les nobles, il résiste à la domination des classes inférieures. A l'époque de la révolution française, un peu avant le commencement de la période qui formera le sujet de notre Histoire, tous ces pouvoirs ennemis donnèrent en quelque sorte carrière à leur première impétuosité dans un combat qui paraissait être le dernier. L'histoire générale, celle même de l'ère actuelle, n'est en somme que la répétition de cette lutte, dont le résultat est encore indécis et dont le terrain gagne chaque jour de nouvelles proportions. Les générations futures la continueront, car le moment de sa solution paraît loin d'être arrivé.

Un examen plus approfondi des événements du siècle dernier nous ramènera toujours à ce point de vue, tandis que de toutes parts nous constaterons l'union intime des faits du présent avec ceux du passé.

SECTION III.

—

SOMMAIRE.

Contraste des races romanes et germaniques au moyen âge. —Influences contraires. — Le système féodal.—Conquête de Byzance.—Commencement d'une ère nouvelle. —Absolutisme des princes. — Son influence sur la fondation de la monarchie espagnole.—Les États de l'Église. —Tyrannie du Saint-Siége.— La papauté. — Sa domination universelle. — Empire universel de Charles-Quint. — Réaction de la Réforme contre la Papauté et l'Empire. — Nouvelle phase de l'opposition des races romanes et germaniques. — Découverte de l'Amérique. — La Réforme. — L'esprit d'individualisme dans le protestantisme et dans le germanisme. — Prématurité des résultats du protestantisme allemand dans ses rapports avec l'Église et l'État au temps de Luther. — Esprit conservateur de Luther. — Histoire des vicissitudes de l'Église et de l'État chez les nations protestantes. — Caractère monarchique des réformes introduites dans l'Église par Luther et Cranmer en Allemagne et en Angleterre. — Caractère monarchique des réformes politiques en Allemagne au temps de Luther. — Caractère aristocratique de l'état politique de la Suisse et des Pays-Bas à l'époque de Calvin. — Même caractère des réformes de Calvin dans l'Église. — Élément démocratique du calvinisme. — Réaction générale du catholicisme. — Les protestants vaincus en France par la réaction. — Réaction en Angleterre contre le protestantisme. — Phase démocratique dans l'État et dans l'Église en Angleterre.—Constitution anglaise. — Constitution américaine.

Les deux phénomènes opposés entre lesquels les États de l'Europe s'agitèrent pendant le moyen âge, rendirent difficiles, impossibles même, leur existence régulière, leur séparation naturelle selon les tendances nationales, leur bonne administration et leur développement. De tous les côtés, et à quelque point de vue que l'on se place, on peut observer dans les classes les plus élevées de la société un effort tendant généralement à agrandir les limites des frontières nationales et à instituer un mode uniforme de gouvernement. Mais ces tendances rencontrèrent une opposition violente dans les classes inférieures toujours portées à la division en petits fiefs et en municipalités. C'étaient les nations germaniques qui avaient soufflé en Europe cet esprit de partage, cette haine pour toute espèce de centralisation. Cette tendance universelle nous amène à examiner les rapports existant entre Rome ancienne et Rome moderne.

Au commencement du moyen âge, l'empire romain offrait aux races nouvelles l'unique et brillant exemple du développement d'un État. L'idée de sa restauration avait déjà été l'ambition des premiers conquérants de l'Italie ; mais il était réservé à Charlemagne de la réaliser dans son prodigieux empire qu'il étendit presque jusqu'aux limites des États chrétiens. Depuis lors elle a été transmise aux siècles postérieurs comme un problème politique, à notre époque comme une fiction. A cette idée d'un empire romain, Rome chrétienne ajouta celle d'un empire spirituel. Les progrès de l'islamisme avaient fait sentir la nécessité d'avoir une unité dans la religion, et Rome était devenue le centre spirituel de la chrétienté. L'Empire et la papauté auraient dû pouvoir s'unir pacifiquement : et si alors, comme dans l'empire byzantin, le sceptre de la puissance temporelle et spirituelle avait pu, dans l'empire germanico-romain, être placé dans une seule main, le maître doublement puissant de la chrétienté eût pu assembler des forces bien plus unies que celles des croisés au moment d'engager la bataille du monde. L'idée de l'unité chrétienne l'eût alors emporté sur celle du développement national ; et, précisément au centre du monde européen, en Allemagne et en Italie, on eût vu s'édifier un pouvoir monarchique et un mode de gouvernement uniforme, qui aurait mis les plus grands obstacles au développement naturel des États de l'Europe entière.

Deux causes cependant empêchèrent cette combinaison de réussir : ce fut d'abord la jalousie des deux pouvoirs rivaux qui se disputaient la suprématie sur tous les royaumes chrétiens ; ce fut ensuite l'antipathie nationale existant entre le Germain et l'Italien. Mais ce qui rendit cette combinaison tout à fait impossible, ce fut cette particularité du caractère des races germaniques qui, contraire à toute idée de fusion, leur faisait désirer le morcellement des États mêmes qui avaient une existence séparée. De tout temps, les idées romaines d'unité dans l'État, dans la loi et dans la religion avaient rencontré des obstacles insurmontables chez les peuples germains dans leur système de partage des successions, dans leurs priviléges électoraux, dans la féodalité et le vasselage, dans leur penchant à fonder leur liberté sur une union fédérale, et plus tard dans le schisme du protestantisme. De ce dernier obstacle naquit une lutte religieuse qui appartient à l'histoire moderne ; quant à la lutte séculière, au contraire, elle fournit la matière de l'histoire du dernier siècle du moyen âge. Depuis l'époque où cessent les croisades et en même temps les grandes confédérations des peuples chrétiens, où l'histoire perd son caractère de généralité, où la langue de Rome cède la place aux divers idiomes des peuples, où chaque État commence son développement séparé, l'attitude de l'aristocratie spirituelle devient notre seul guide à travers la confusion des événements du moyen âge. Au xive siècle, tandis que des princes luttent avec l'Empereur, que des conciles sont en opposition avec le pape, nous voyons ces deux pouvoirs, l'Empire et la papauté, dangereusement menacés par l'aristocratie qui partout alors avait la prépondérance. Cependant, au lieu de chercher à conserver une union qui seule pouvait rendre durable son influence politique, au lieu d'essayer de ramener partout l'ordre si nécessaire à l'État, et si difficile à rétablir depuis les atteintes qu'il avait reçues antérieurement, la noblesse abusa de sa puissance et parut faire tout son possible pour causer les plus grands bouleversements. Cet abus et ses conséquences peuvent être attribués à la division du corps aristocratique en noblesse séculière et en noblesse ecclésiastique ; à la rudesse belliqueuse de l'une et à la politique imparfaite de toutes les deux. Soumise à un pouvoir étranger, l'aristocratie ecclésiastique empêcha l'État de se consolider, tandis que la noblesse séculière, en se maintenant indépendante du pouvoir indigène, faisait obstacle à toute unité. Tout vassal, grand ou petit, tout homme puissant, n'avait en vue que ses intérêts personnels, et songeait à peine à ceux de ses subordonnés. Il n'y avait pas de gouvernement possible, parce que chacun voulait être le maître ; il ne pouvait y avoir d'unité, parce qu'il n'y avait partout que division ; il n'y avait pas d'État possible, parce qu'on ne voyait de tous côtés que des États au milieu d'autres États. L'aristocratie, cette excroissance parasite, tirait ses forces de l'arbre lui-même, c'est-à-dire du peuple. Comme nous l'apprend Machiavel, les seigneurs féodaux napolitains vivaient dans l'insouciance et l'oisiveté au milieu de leurs terres libres de toute redevance ; ils avaient perdu cette énergie guerrière qui animait leurs ancêtres, et se montraient inaccessibles à toute idée d'unité dans l'État. Quant aux petits seigneurs châtelains de l'Allemagne, Hutten nous raconte qu'ils passaient leur vie à chasser, à piller, à se quereller, troublant le commerce des citoyens et rendant impossibles la sécurité, l'ordre et tout développement national. Enfin, en Espagne, Isabelle de Castille ne fut pas longtemps sans acquérir la conviction que les nobles, tant qu'ils posséderaient des propriétés immobilières et conserveraient leurs immenses revenus, tant qu'ils occuperaient les premières charges et toutes les hautes dignités de l'État, pourraient lever de grandes armées, écrire sur le ton de la majesté royale, et braver impunément tout pouvoir supérieur, toute direction monarchique. Comme on le voit, la noblesse féodale a toujours rendu impossible l'union nationale des diverses classes de la société et le développement patriotique de toutes les forces du peuple.

Pendant le xiv° et le xv° siècle, on la voit partout déchirer l'État par des guerres horribles qui finissent toujours par causer sa propre destruction.

Le premier coup porté à l'existence du système féodal fut le signal d'une ère nouvelle. Déjà, au xv° siècle, ce système avait été ébranlé par des découvertes dont les conséquences furent de la plus haute importance, et qui, par un décret providentiel, vinrent s'offrir au monde à l'heure de son déclin. Un seul événement opère la régénération et peut être considéré comme séparant le moyen âge des temps modernes : nous voulons parler de l'invention des armes à feu. Les changements qu'elle introduisit dans l'art de la guerre enlevèrent à l'institution féodale de la chevalerie son dernier titre de puissance. La découverte de l'imprimerie, qui vulgarisa les connaissances, fit perdre aux nobles et au clergé le monopole de la culture intellectuelle.

L'invention de la boussole et les perfectionnements apportés dans l'art de la navigation permirent à la bourgeoisie, en acquérant de la richesse et de l'influence, de rendre son importance politique égale à celle de la noblesse. L'effet de ces changements dans l'aspect de la société, lors de la décadence de l'aristocratie, fut généralement efficace, bien que lent et progressif. Un événement important vint porter la première atteinte à l'ordre de choses alors existant : ce fut la conquête de Constantinople (1453) et la destruction de l'empire de Byzance. En présence de cette catastrophe, qui la plongea dans la consternation, l'Europe parut ouvrir les yeux sur la faiblesse de ses alliances politiques et sur son manque de forme précise de gouvernement. Au moment de sa chute, l'Empire décrépit, n'ayant, à cause de sa séparation de l'Église, aucune alliance politique à l'extérieur, n'avait point de secours à attendre du dehors. A l'intérieur il était décomposé en petites souverainetés, et cela seul suffirait pour expliquer sa conquête par les Turcs. Les conquérants, au contraire, ennemis acharnés des États et des nations de l'Europe, ne formaient qu'un seul peuple soumis à une seule volonté. Ils avaient une infanterie et une cavalerie avec lesquelles aucun État occidental ne pouvait rivaliser. Lorsque, instruites par l'expérience, les nations de la chrétienté comprirent combien leurs divisions intestines, combien les avantages que possédait leur ennemi contribuaient à augmenter sa force et sa splendeur, un changement soudain et radical s'opéra, comme par enchantement dans les plus grands États de l'Europe. Des alliances se formèrent entre les princes et les États, et l'on commença à adopter un système politique déterminé. La ruse et la force furent mises en œuvre pour faire cesser les dissensions et les actes arbitraires des seigneurs féodaux. L'autorité absolue du monarque, le vainqueur de la noblesse, naquit comme du néant, au même instant et partout. Grâce à elle, l'État acquit de l'union et de la consistance ; et le pouvoir royal, en créant une nouvelle tactique militaire et une nouvelle organisation de l'armée, chercha à se fortifier à l'intérieur tout en faisant redouter sa puissance au dehors. A cette époque parurent en Angleterre, en France, en Castille et en Aragon des souverains ayant des vues plus neuves et une nouvelle énergie. Profitant du changement des circonstances, ils relevèrent la royauté de sa sujétion vis-à-vis de la noblesse et sauvèrent l'unité de l'État. Ils y parvinrent en recourant, presque tous, et comme d'un commun accord, à l'influence toutepuissante de l'Église. Leur plus grande ambition fut de récompenser le vrai mérite et non le rang ou la naissance ; ils encouragèrent l'instruction donnée par le clergé et attirèrent à leur cour les hommes de talent, quelle que fût leur condition. Ils relevèrent la justice et les tribunaux et donnèrent aux jurisconsultes et aux ecclésiastiques les emplois les plus élevés, qui jusqu'alors avaient été l'apanage de la noblesse guerrière. Les princes qui remplirent leur rôle avec le plus d'habileté furent Henri VII en Angleterre, Louis XI en France et Ferdinand le catholique en Aragon.

De « ces trois mages » comme les appelle Bacon, Ferdinand était le plus remarquable. Pour Machiavel, c'était le type « d'un prince de la nouvelle école, » d'un prince qui, d'après le jugement qu'il avait porté sur lui, devait nécessairement remédier aux maux de l'époque. Si le pouvoir de la noblesse était arrivé en Aragon par la légalité, et en Castille par la faveur, à un degré d'iniquité et de violence jusqu'alors sans précédents, remarquons aussi qu'il ne tomba nulle part plus rapidement que sous les coups que lui portèrent habilement Ferdinand et Isabelle. Tous deux d'une égale sagacité, ils rachetèrent l'imperfection de leur gouvernement par leurs grandes qualités personnelles.

Isabelle, avec sa franchise habituelle, déclara hautement ne plus vouloir être le jouet de l'aristocratie. Grâce aux mesures qu'ils prirent pour organiser la police et les tribunaux, le pays vit renaître la paix et la sécurité que les nobles, par leurs violences, lui avaient enlevées. Ils ne souffrirent plus que la noblesse se fît sommer plusieurs fois avant de se rendre aux Cortès. Ce fut ainsi, et en l'habituant à se soumettre aux ordres de la royauté, qu'ils lui enlevèrent peu à peu son influence politique. Forts de leur attachement incontesté à la foi catholique, Ferdinand et Isabelle purent s'opposer aux empiétements séculiers des ecclésiastiques, et du pape lui-même; et ils osèrent donner à la couronne les grandes maîtrises de trois ordres de chevalerie qui avaient un pouvoir presque royal. La guerre sainte, qui leur permit de lever des troupes sans rendre toutefois nécessaire une armée permanente, mit, en cas de besoin, à leur disposition tous les hommes en état de porter les armes. Cette milice fut exercée à deux excellentes écoles : dans les longues guerres contre Grenade, où l'ancienne tactique espagnole atteignit son plus haut degré de perfection et où l'on put apprécier les services de cette pesante infanterie, si puissante lorsqu'elle avait pour auxiliaires les fantassins suisses et allemands; et dans la guerre de Naples contre la France, où « le grand capitaine, » Gonzalve de Cordoue, mit les deux systèmes en pratique, introduisit de grandes améliorations dans l'artillerie et dans l'art des fortifications, et forma ces troupes avec lesquelles Charles-Quint eut plus tard l'intention de conquérir le monde.

Grâce au bon usage que firent les rois catholiques de leurs armées au dehors et de l'autorité qu'ils avaient nouvellement acquise à l'intérieur, Isabelle put, pendant son règne, élever les revenus de la Castille à une valeur trente fois plus considérable qu'auparavant, sans devoir pour cela accabler le peuple d'impôts. Quant à Ferdinand, pour nous servir des termes mêmes de Machiavel, il s'éleva du rang des princes les plus faibles de l'Europe au rang des plus puissants et des plus distingués. En dépit donc des tendances de la nation espagnole pour le démembrement, on était parvenu à donner de l'unité à ce pays divisé, et, dans le court espace d'un seul règne, on avait réalisé la fusion de quatre royaumes, si nous exceptons toutefois le royaume de Naples. En présence d'un semblable résultat, un homme d'état républicain comme Machiavel ne pouvait méconnaître les avantages extraordinaires résultant pour le peuple et pour l'État du pouvoir absolu du prince. Mais, sans s'inquiéter des moyens, il ne voulut s'occuper que du but à atteindre, et ferma les yeux sur un mal isolé pour ne voir que la prospérité générale. Comme il devinait les tendances de l'histoire moderne, quand, formulant en judicieuses théories l'expérience qu'il avait acquise dans l'étude des temps anciens, il prophétisait que pour édifier un nouveau système de gouvernement sur les ruines des systèmes usés du moyen âge l'absolutisme était une nécessité, même un bien, pourvu que sa durée fût passagère! L'absolutisme préparera le règne des lois, ajoutait-il, et la liberté s'instruira à son école. Mais ce que cet homme d'État ne pouvait prévoir, lorsqu'il vantait la puissance nouvelle de Ferdinand, c'est qu'en Espagne, et ensuite dans tous les États, l'absolutisme royal, par sa durée et sa tyrannie causerait plus de maux que n'en n'avait jamais causés le règne de l'aristocratie.

Les États de l'Église se trouvaient au nombre de ceux que la grande commotion venue de l'Est avait tout à coup raffermis et transformés. Le séjour à Avignon et le grand schisme avaient été pour la papauté l'époque de son plus grand abaissement. Mais depuis lors, sous le règne de Nicolas V et après la chute de Byzance, elle avait acquis rapidement un nouveau prestige. En butte à tant d'attaques au xiv° siècle, l'expérience passée avait été pour elle un grand enseignement; elle avait appris que son pouvoir spirituel devait chercher son appui dans son pouvoir séculier. A l'exemple du monarque aragonais, Alexandre VI et Jules II, en Italie, donnèrent carrière à leurs idées d'agrandissement. Ils soumirent au pouvoir de Rome les petites seigneuries, les villes et les États voisins; et ce fut Jules II qui s'empara de presque toute cette partie de l'Italie qui forme aujourd'hui les États de l'Église. Cette conquête avait lieu précisément à l'époque où Ferdinand se rendait maître du territoire qui depuis a toujours appartenu à l'Espagne. Sur le sol antique de Rome, plus que partout ailleurs, il est impossible de méconnaître les rapports existant entre le despotisme moderne et celui de l'antiquité; et cela surtout à cette époque étrange, où les papes et leurs parents le disputaient, par leur ambition, leur cruauté et leur dévergondage, aux tyrans les moins retenus de l'ancien temps. Cette ressemblance devint complète quand les papes s'entourèrent de toutes les splendeurs de la littérature et de l'art antiques, et que le scepticisme païen eut fait invasion dans l'ordre sacerdotal. La politique du Saint-Siége devint plus mondaine; les principaux emplois se vendirent, et la chrétienté fut mise à contribution pour payer la construction des splendides monuments de la ville éternelle. La réaction de la Réforme fut la conséquence naturelle de cette décadence et de cette oppression; et Rome, malgré les excès de sa tyrannie, ne put empêcher que les semences de la liberté des âges futurs ne se répandissent parmi les peuples les plus reculés.

Loin de s'isoler, loin de porter atteinte à l'ordre politique des États de l'Église seulement, la réaction s'étendit partout et revint ensuite dans ce pays introduire des changements dans l'ordre religieux. Ce n'était pas Rome seule, mais la chrétienté tout entière qui s'était ressentie de la chute de Constantinople; et si cette catastrophe avait eu pour résultat immédiat de donner plus de stabilité aux principaux États de l'Europe, elle eut ensuite un effet opposé en faisant de nouveau surgir l'idée primitive de la papauté: la domination universelle de l'Église; idée qui a toujours été catholico-romaine par excellence. Il arriva ainsi que chaque danger qui menaça l'Europe fut favorable aux intérêts du clergé romain. De même que la première invasion de l'islamisme avait eu pour résultat de jeter les fondements du pouvoir papal; de même que la puissance temporelle et spirituelle du pape avait atteint son apogée pendant la première croisade; de même encore, son autorité et sa considération à l'extérieur renaquirent après les succès des Turcs en Europe. Rome, à la vérité, avait dû faire des concessions à quelques États qui résistèrent à ses attaques; mais, en compensation, elle avait repris du terrain dans d'autres pays. En Allemagne, la paix venait d'être conclue avec l'Empire, et le pape en avait dicté les conditions. Pie II s'était efforcé de prouver à l'Empereur qu'il était de son intérêt de s'unir au Saint-Siége, afin de pouvoir résister aux seigneurs allemands et à leurs tendances à changer l'ordre politique et l'ordre religieux. Il lui avait persuadé que sa politique ne devait avoir d'autre but que l'union de l'Empire et de la papauté. Dès ce moment l'influence du pape dans l'Empire devint intolérable. A la diète, l'Empereur partagea son autorité avec le légat de Rome. Maximilien avoua que les revenus du Saint-Siége perçus en Allemagne étaient cent fois plus considérables que ceux qu'il prélevait lui-même. Aucune branche du pouvoir impérial ne fut à l'abri des usurpations de l'Église. L'oppression des tribunaux du pape et les charges qu'il percevait étaient devenues insupportables. L'accroissement des biens de l'Église, biens inaliénables, était monstrueux. Si son union avec l'empire d'Allemagne augmenta le pouvoir de la papauté, l'alliance contractée avec le royaume d'Espagne, qui s'étendait tous les jours davantage, fut d'une importance plus grande encore. En Espagne, l'esprit des croisades reparut dans les guerres avec Grenade ; la chute de Byzance fut compensée par la destruction d'un royaume mahométan. Le caractère aventureux des Espagnols, leur zèle pour la foi catholique, l'orgueil religieux des nobles de pur sang chrétien s'enflammèrent au plus haut degré. Les rois catholiques, tour à tour les chefs et les serviteurs du plus terrible fanatisme religieux, se dévouèrent aveuglément à l'Église. Le clergé favorisait ces tendances. Entre l'Espagne et Rome s'établit un lien qui semblait aussi solide que les relations futures avec l'Allemagne paraissaient devoir être empreintes de mésintelligence et de rivalité. Mais Rome avait fait taire sa jalousie devant des princes si soumis qui la laissaient agir à sa guise dans les affaires ecclésiastiques de leurs royaumes. Aussi laissa-t-elle la Castille conquérir le royaume de Grenade, la côte septentrionale de l'Afrique et s'emparer traîtreusement des possessions de la Navarre hérétique ; elle ne fit pas plus d'opposition quand l'Aragon et la Sicile, unis d'abord à la France, résolurent de partager les possessions napolitaines du Saint-Siége, comme on l'a fait de nos jours pour la Pologne, et enlevèrent ensuite à leur alliée sa part de la conquête. Déjà l'Espagne était la monarchie la plus considérable de l'Europe. Dans la Méditerranée elle opposait une barrière aux forces immenses de l'islamisme ; et l'Italie, sentant le besoin d'une protection puissante contre le mahométisme, voyait s'étendre la domination des Espagnols, dont la foi égalait la sienne, avec moins de défaveur que celle des Français ou des Allemands. Ce qui importait le plus au salut de la chrétienté, à la sûreté de l'Italie et des États de l'Église, c'était de chercher à conserver à l'Espagne sa puissance, et non de vouloir que le pape, comme au xi°, rassemblât les peuples, si la chose lui était possible, pour faire de nouvelles croisades en Orient. Les découvertes de Colomb, en ouvrant à Rome et à l'Espagne un horizon nouveau et sans bornes, fortifièrent l'union de ces deux puissances. Elles les indemnisèrent merveilleusement de la perte de l'Orient, car elles présentaient un nouvel espace à l'extension du pouvoir spirituel de la papauté et augmentaient les possessions des princes espagnols. Le pape, « usant de la plénitude de son pouvoir apostolique » attribua à ceux-ci les nouveaux États de l'Ouest et leur permit en outre, avec une précipitation dont il se repentit ensuite, mais trop tard, d'y lever la dîme et d'y conférer des bénéfices ecclésiastiques. L'entreprise de Colomb, mise à exécution immédiatement après les guerres de Grenade, fut comme elles empreinte d'un caractère aventureux et d'une vive ardeur de prosélytisme. Elle enflamma tellement l'avidité, le fanatisme, tout ce qu'il y avait, en un mot, de plus exalté dans le caractère des Espagnols, qu'ils cédèrent aux illusions de l'ambition la plus démesurée et de la crédulité la plus extraordinaire, qu'ils allèrent même, au mépris de leurs anciennes libertés, jusqu'à se soumettre aux barbares institutions de la bigoterie ecclésiastique. Le sombre esprit des Wisigoths ressuscitant dans le plus puissant État du monde et dans cette famille orgueilleuse qui devait bientôt régner sur l'Autriche, la Bourgogne et l'Espagne, contribua à rétablir l'importance de l'ancienne autorité spirituelle du clergé.

Cette puissance spirituelle jeta les premières bases du pouvoir séculier de la papauté et en tira toute sa force. Par suite de l'influence énorme qu'elle exerçait sur les trois grandes institutions sociales : la Famille, l'Église et l'État, elle créa le despotisme le plus terrible et le plus vaste que le monde ait jamais vu. Dans la Famille, elle asservit à sa volonté arbitraire l'esprit et la conscience de l'homme ; elle le reçut au berceau, le forma dans les écoles selon ses vues, le quitta à son entrée dans le monde pour reparaître dans le confessionnal lors de son mariage et planer sur son chevet à l'heure de la mort. Dans l'Église, afin d'étendre son empire sur l'humanité entière, elle contraignit l'homme à abdiquer la liberté de conscience et la liberté d'examen. Dans l'État, elle anéantit l'amour de la patrie en étouffant les aspirations nationales, pour y substituer l'idée de l'unité chrétienne, et s'arrogea la suprématie sur le pouvoir séculier en lui refusant l'investiture spirituelle. Toute grande inspiration fut interdite à l'État, et l'Église réclama exclusivement les honneurs et les dignités. Ce pouvoir monstrueux fut exercé par un sacerdoce isolé du reste des hommes et à l'abri du danger des changements, du progrès et de toute réforme, par une institution dont l'ordination faisait une véritable aristocratie qui se perpétuait elle-même.

Des priviléges spéciaux, l'usage d'une langue particulière dans ses exercices, l'éducation, le célibat et la nature de ses intérêts faisaient du clergé un corps à part. Dégagé des liens de la famille, de la commune, de la patrie et de la nationalité, il forma une corporation hostile aux institutions de l'État encore en vigueur et qui, dans un temps où la plus grande inégalité existait entre les classes de la société, maintint le principe de l'égalité, par l'habitude systématique d'honorer le mérite plutôt que la naissance, et de laisser libre au paysan, comme au prince, l'accès des plus hautes positions. Que l'on se figure le clergé catholique sous la dépendance absolue du représentant du Christ sur la terre, doté d'un pouvoir arbitraire et de l'infaillibilité divine, et l'on comprendra combien, même à une époque aussi avancée, ce pouvoir fut près de réussir à diriger toute existence politique et spirituelle dans la voie étroite de la théocratie.

L'autorité ecclésiastique ressuscitée marchait de concert avec l'autorité despotique des princes; l'entente la plus cordiale l'unissait à la plus puissante des familles princières, celle qui avait déjà donné des seigneurs et des maîtres aux possessions allemandes des États Romains. Comme le lecteur s'en apercevra, jamais, depuis le commencement du xvie siècle, question plus critique ne s'était présentée : l'Europe devait-elle succomber sous l'oppression théocratique, sous l'absolutisme royal, ou sous leurs forces combinées, ou bien lui serait-il permis d'arriver à sa maturité par un développement libre et national?

Quelque grand que fût le danger venant de Rome, un péril plus grand encore était imminent. Les événements de l'Orient, qui donnèrent à l'autorité du pape une impulsion nouvelle et qui poussèrent l'Espagne vers la route de sa grandeur, devaient également et infailliblement consolider davantage, tant à l'intérieur qu'à l'extérieur, les États continentaux limitrophes de la Turquie. Tandis qu'à l'Ouest, le monarque espagnol créait un grand État par la réunion d'éléments nationaux homogènes, la maison d'Autriche, en possession de l'Empire, de fait et par droit d'héritage, jetait, par ses alliances de famille, les bases de la réunion de ses immenses provinces; à l'Est, elle préparait l'annexion de la Bohême et de la Hongrie devenue une nécessité; à l'Ouest, Maximilien par son mariage avait acquis les Pays-Bas, et son fils avait obtenu la main de l'héritière du royaume d'Espagne. Sous de semblables auspices, en présence d'une telle augmentation de territoire, il était probable qu'entre les mains de l'Autriche, l'empire d'Allemagne essaierait de réaliser ses anciens projets de domination universelle. Du reste, les circonstances étaient favorables : la puissance impériale s'étendait sur un espace bien plus vaste qu'au moyen âge, et à l'intérieur c'était une monarchie, forme de gouvernement qui dans ces derniers temps avait achevé de se développer partout. Pendant le moyen âge, l'aristocratie toute puissante avait affaibli l'Empire; maintenant, à son tour, elle paraissait partout à son déclin. Tous les souverains, et l'Allemagne elle-même, avaient admis l'idée, venue de Rome, que le pouvoir émanait du Saint-Siége. Ce fut sous Maximilien que, pour la première fois, les États allemands entendirent un langage auquel ils étaient peu accoutumés de la part de leurs princes, quand l'Empereur prétexta ses obligations envers l'Autriche pour éluder ses serments à la Diète. Alors ils ouvrirent les yeux et virent non sans appréhension s'augmenter la puissance de cette maison qui ajoutait territoire sur territoire à la monarchie qu'elle avait introduite dans la Confédération libre de l'Allemagne et qu'elle lui avait en quelque sorte imposée.

Maximilien, qui n'avait en vue que l'annexion de la Hongrie et de la Bohême et la succession de l'Espagne, n'était pas personnellement à craindre. Mais il en fut bien autrement quand, en 1519, le pouvoir impérial échut à Charles-Quint qui venait d'entrer en possession de l'Espagne et de la Bourgogne. Jamais le monde n'avait vu un pouvoir aussi considérable entre les mains d'un seul homme, entre les mains d'un prince aussi ambitieux. Rome, dans sa faiblesse pour l'Espagne, laissa passer la couronne de ce royaume à Charles sans y mettre obstacle, alors cependant qu'il avait été stipulé antérieurement que la possession de Naples n'y aurait pas été attachée. Maître des forces réunies de la Bourgogne, de l'Espagne et de

Naples, Charles continua la politique bourguignonne du Téméraire, politique qui consistait à affaiblir la France : il chassa les Français de l'Italie, ajouta le Milanais à ses possessions napolitaines, et dans ces entreprises il eut pour allié le pape qui avait besoin de son appui afin d'étouffer la doctrine naissante de Luther. La jalousie naturelle de la papauté envers l'Empereur, longtemps contenue, éclata enfin quand celui-ci fit de l'Italie une province espagnole en isolant le Milanais de l'Allemagne, de même qu'il avait ajouté le duché d'Utrecht à ses possessions héréditaires et distrait les Pays-Bas de la juridiction de l'Empire. Mais il était déjà trop tard pour que Rome songeât à s'opposer à la domination et à la puissance de cet homme qu'entraînaient la faveur des circonstances et des ressources inépuisables. A la tête d'excellentes troupes, il était soutenu par l'ardeur belliqueuse d'une nation qui, soit amour de la gloire, soit aveugle obéissance, se montrait aussi disposée que les Musulmans à toutes les entreprises. Charles-Quint, malgré les dangers dont il menaçait les libertés du peuple, disposait des trésors anciennement et récemment acquis par l'Espagne, du pouvoir et des richesses des Pays-Bas flattés de voir le monde gouverné par un prince qui leur apartenait.

C'était bien là ce qu'on pouvait appeler l'empire du monde : Charles, à l'exception de la France, régnait sur presque tous les États de l'Europe ; à l'Est, il dirigeait, comme il l'entendait, la politique et les forces de son frère, alors maître des vastes territoires de la Bohême, de la Hongrie et de l'Autriche ; tandis qu'à l'Ouest, ses armées s'emparaient d'immenses contrées et qu'il semblait vouloir renouveler les croisades contre l'islamisme. Devenu le chef de la chrétienté, c'était en vertu de ce pouvoir qu'il occupait le centre de l'Europe, d'où il pouvait le plus sûrement étendre sa domination universelle. Le seul pouvoir qui dans l'Empire lui offrait quelque résistance, était celui des grands États germaniques ; ceux-ci, en effet, loin de partager la décadence générale de la féodalité, faisaient au contraire tous leurs efforts pour se transformer en souverainetés indépendantes. Mais Charles devait les dompter également ; l'heure de leur défaite parut avoir sonné quand ce souverain eut vaincu les princes protestants, affaiblis par leurs divisions, et dont la loyauté même ne pouvait résister à l'habileté consommée avec laquelle l'Espagnol profita, pour les perdre, de leurs querelles intestines.

Depuis ce moment, Charles employa l'or impérial à entretenir ses troupes espagnoles dans l'Empire ; il abandonna le sceau de l'État à des mains étrangères et réduisit au silence ses adversaires dans la Diète. Aussi, ses courtisans, croyant désormais tout possible en Allemagne, se vantaient hautement, pendant l'intérim, de pouvoir imposer à ce pays le joug de l'Espagne. Ce n'était pas là toutefois le plus grand des dangers dont cet homme menaçait le monde dans son libre développement. Mais, quand il eut trouvé dans Jules III, alors assis sur le trône pontifical, une créature disposée à se soumettre à son influence, quand il vit le concile de Trente obéir à ses volontés, il conçut le hardi projet d'opérer, par son seul despotisme, une réforme dans l'Église : réforme à laquelle deux siècles avaient travaillé, mais vainement ! Il se proposa de subordonner le clergé à son pouvoir temporel, et de s'assujettir sa puissance spirituelle en s'adjoignant une armée de soldats et de fonctionnaires dévoués. Q'y avait-il donc d'impossible pour cet homme, maintenant que l'Empire reposait sur ses soutiens les plus fermes, sur cette union rêvée par Rome d'un pouvoir dominant la chrétienté avec l'autorité des Césars ? S'il avait pu exercer cette puissance jusqu'à la fin de ses jours et introduire en Allemagne la maison espagnole ; s'il avait pu voir réussir son projet d'ajouter à son héritage l'Espagne, l'Autriche et la Bourgogne comme conséquence de l'alliance de son fils Philippe avec Marie d'Angleterre, c'en était fait de la liberté du monde : la bigoterie de Rome et le despotisme espagnol faisaient invasion dans toute l'Europe, et l'état de choses, qui rejeta l'Espagne et l'Italie en plein moyen âge, se fût maintenu jusqu'à nos jours, malgré toutes les secousses, et fût devenu universel !

Mais avant que Charles-Quint eût pu exécuter ce projet qui devait le tranquilliser pour l'avenir, avant même qu'il pût l'entreprendre, il vit tomber d'un seul coup non-seulement son ouvrage, mais encore l'orgueilleux édifice de la puissance romaine en Allemagne. La jalousie des deux potentats, aussi ardente alors qu'au moyen âge, les précipita dans une crise fatale à leur pouvoir trop vaste. Cette jalousie avait, comme antérieurement, sa cause dans l'incompatibilité du caractère allemand et du caractère italien. Vie intellectuelle et existence matérielle, éducation et rudesse de mœurs, usages policés et passions brutales, liberté de conscience et fanatisme, sentiment national et anarchie, en un mot, tous les attributs les plus divers de l'homme, tous les intérêts, ceux des classes les plus infimes, comme ceux des plus élevées, ceux de l'ordre civil comme ceux de l'ordre religieux, ceux du monarque comme ceux du paysan, tout enfin se souleva dans le peuple allemand contre la double oppression des nations méridionales.

Ce fut alors que Luther, par son courage et sa science profonde, éveilla en Allemagne un esprit d'antagonisme contre la domination de l'Église, et attaqua non-seulement la vie intime des papes, mais encore leur autorité et, ce qui fit l'orgueil de la Réforme, leur doctrine même. L'histoire de cette époque mémorable contient le récit des actions les plus éclatantes, rapportées de la manière la plus modeste. Luther renversa la doctrine catholique et les deux bases de sa puissance, l'erreur et la superstition, jusqu'au moment où Maurice de Saxe, dans la poursuite de ses vues politiques, eut blessé l'Empereur avec ses propres armes et détruit en quelques jours le travail pénible de plusieurs siècles.

Pendant ces événements, l'histoire fit un pas de plus, un pas comme elle n'en n'avait pas fait depuis mille ans, mais dans une route si différente de celle qu'elle avait suivie jusqu'alors, qu'il fallut plusieurs siècles à l'humanité pour s'habituer au changement, pour commencer à se rendre compte et à se réjouir de sa victoire après une lutte aussi acharnée.

Ce qui donna en Allemagne une base si solide à la Réforme, ce qui lui prêta un caractère de persistante énergie, ce fut sans contredit l'opposition existant entre les races germaniques et les races romanes. C'est cette opposition qui les distingue pendant tout le moyen âge, depuis l'époque de la confusion des races, et qui reparaît dans chacun des faits de l'histoire. Ce fut elle encore qui caractérisa l'histoire de toute l'époque suivante et donna l'impulsion première à cette suite d'événements, qui devaient non pas seulement dégager de plus en plus le monde de ses anciennes limites spirituelles et temporelles du moyen âge, mais encore anéantir le despotisme des princes dans les temps modernes ; et c'est au commencement de cette nouvelle époque que l'antagonisme des races, éveillé par les querelles religieuses, sortit des entrailles de l'humanité plus véhément que jamais.

Si la chute de Byzance inaugura une ère nouvelle, ce grand événement en prépara deux plus grands encore qui déterminèrent le caractère d'une nouvelle époque dans l'histoire. L'Orient n'offrant plus de débouchés au commerce, les recherches faites pour lui trouver de nouvelles voies amenèrent la découverte de l'Amérique. La chute de l'empire grec ayant forcé les savants à chercher un refuge en Occident, des réformes s'introduisirent dans les écoles et l'on vit renaître l'étude de la littérature classique. La vie intellectuelle en reçut une impulsion nouvelle et une voie aplanie fut frayée à la Réforme. Ces événements et leurs résultats forment la substance de l'histoire du siècle suivant ; ils lui donnèrent cet aspect qui le distingue des siècles antérieurs et semblèrent plus que jamais séparer les nations romanes des nations germaniques.

Dès le principe on considéra la colonisation du Nouveau-Monde comme un droit exclusif appartenant à l'Espagne et au Portugal, qui en usèrent largement durant un siècle au moins. Jusqu'à nos jours la Réforme est demeurée l'apanage des peuples d'origine purement germanique. La scission importante qui s'opéra entre les deux races gouvernant le monde, au sujet d'événements qui dominaient l'époque, suffit pour faire naître leur désaccord, pour mettre à nu leurs principales incompatibilités et pour changer leur mésintelligence en hostilité.

Le succès des rois espagnols dans leurs guerres avec les Arabes et la découverte de l'Amérique produisirent deux effets : leur politique extérieure tendit à un agrandissement territorial et ils cherchèrent à resserrer les liens qui les unissaient déjà à l'église de Rome. L'exaltation religieuse du peuple espagnol, fruit des guerres avec les Mahométans, consolida l'influence et le pouvoir que le clergé romain avait sur lui. Le nouvel éclat de la papauté, la décadence des républiques et la domination espagnole produisirent les même résultats en Italie. Aussi, dans l'intérêt de la réussite de leurs plans de domination universelle, les princes d'origine romane furent forcés de donner à la foi catholique leur plus ferme adhésion. C'est ainsi que, déjà au xviie siècle, le dominicain Thomas Campanella (1) nous dit « qu'ils étaient attachés au trône pontifical par » intérêt autant que par conviction, car quiconque en Espagne, en » Italie ou en France se serait proposé, comme protestant, une

(1) Thomas Campanella, né en Calabre en 1568, mort en France en 1639. Ses principaux ouvrages sont l'*Atheismus triumphantus* et le *De monarchiâ hispanicâ discursus*.   (*Note du traducteur*).

» politique aussi hardie que la leur, eût rencontré des ennemis
» implacables dans les souverains et les populations de ces trois
» pays. » La politique intérieure des monarques espagnols suivit
la même voie, et, si l'alliance de l'aristocratie spirituelle avec l'aristocratie temporelle, si la communauté de vues qui unissait la
politique et la religion, visant toutes deux à la domination universelle, ne leur avaient pas suffisamment appris à s'unir étroitement
au catholicisme, la résistance de l'Allemagne protestante les y aurait
certainement forcés.

L'union existant entre Rome et l'Espagne du vivant de Charles-
Quint s'était relâchée et presque anéantie après la mort de ce prince.
Mais, rétablie et devenue plus intime sous le long règne de Philippe II,
elle mit le monde dans un grand péril. Le xvie siècle fut témoin de
la violente opposition des nations germanico-protestantes aux projets
d'agrandissement territorial et d'unité religieuse des nations romaines et de leurs souverains. Depuis le commencement de la lutte
du Saint-Siége avec la Réforme, l'Espagne eut successivement à
combattre l'Allemagne, les Pays-Bas et l'Angleterre. Ce ne fut qu'au
xviie siècle que la France vint la remplacer dans le combat. L'antipathie des races subsista dans toute sa force aussi longtemps que les
dissensions religieuses se confondirent en Europe avec la question
d'intérêt social. Elle s'éteignit et disparut peu à peu lorsque la ligne
de démarcation si nettement tracée entre les nations romanes et les
nations germaines vint à être effacée par deux faits importants qui
eurent la plus grande influence sur les événements : ce fut d'abord
la colonisation protestante de l'Amérique et, plus tard, la littérature
française qui offrit une espèce de satisfaction au besoin de liberté en
matière religieuse en produisant une nouvelle série de questions
intéressant la politique et la science. Mais, bien avant l'accomplisse-
ment de ces deux faits, les races germaniques avaient reçu la haute
mission d'intéresser l'âme et l'intelligence au sujet de la religion et
de jeter les fondements des premières institutions libres dans l'Église
et dans l'État. Ce qui prouve qu'elles n'ont pas failli à cette mission, ce sont les progrès de la Réforme, c'est l'attitude de Luther
vis-à-vis du pape, et celle des princes allemands vis-à-vis de Charles-
Quint ; et la suite des temps nous montre qu'elles n'ont pas dégénéré.
C'est aux races romanes que nous devons tous les efforts faits pour
fonder de grands États, pour créer l'uniformité gouvernementale,

pour asservir l'esprit humain à une religion procédant du principe d'universalité et d'absolutisme dans l'État comme dans l'Église, pour maintenir enfin tout ce qui existait au moyen âge. Aux races germaniques, au contraire, appartient la conservation des principes d'indépendance nationale, de liberté politique et religieuse, et c'est à leur penchant vers la culture intellectuelle et l'activité commerciale, que les temps modernes ont emprunté leur caractère d'originalité et de grandeur.

Certes, une telle divergence d'intérêts devait réveiller cette opposition des deux races, qui au moyen âge avait permis à l'élément germain, grâce aux corporations et à la féodalité, de contre-balancer l'absolutisme effréné de l'élément roman. Si, à cette époque, l'esprit de confédération avait contribué à maintenir le principe d'une liberté aristocratique, il se changea plus tard en un esprit d'individualisme qui jeta les semences de la démocratie. Ce fut ce trait caractéristique, le respect de l'individu, qui porta les races germaniques à l'éducation des masses et à l'indépendance qui en est le résultat. La liberté de conscience et la liberté d'examen, la jouissance des droits politiques, la liberté de la propriété et la liberté du commerce en furent encore d'autres conséquences. Les institutions démocratiques et la possibilité de leur existence dépendent uniquement de l'éducation, de la liberté d'action et de l'activité individuelle. Les races germaniques ont proclamé ce grand principe, et c'est ce qui les distingue des races romanes de cette époque et du monde slave de nos jours. Ce sentiment d'individualisme prépara le mouvement révolutionnaire de la Réforme, ennemie déclarée de l'absolutisme religieux; et la Réforme, en échange, lui communiqua une vigueur nouvelle. Après les intérêts matériels, ce qui intéresse le plus le cœur de l'homme ce sont ses convictions religieuses; car, comme membre de l'humanité, il se sent appelé à agir; et, en matière religieuse, celui qui se trouve placé au degré le plus bas de l'échelle sociale se sent aussi libre et aussi responsable que celui qui se trouve au plus élevé. Les progrès de la liberté ne seraient pas douteux s'ils avaient pour fondement la religion. Machiavel sentait cette vérité quand il ne voyait la possibilité de la régénération des temps et des États qu'à la condition d'une réforme dans l'Église. Il préconisa la tyrannie, mais comme un moyen nécessaire pour arriver à ce but. Lorsque en 1513, ce génie prophétique annonçait qu'une réforme était prochaine, il prévoyait aussi que le voisinage du pape l'empêcherait d'avoir lieu dans son propre pays ; et, c'était avec un plaisir mêlé d'une sorte de jalousie qu'il jetait les yeux sur les races germaniques dont les qualités morales, guerrières et mercantiles devaient, comme il le devinait, décider de l'avenir du monde. Ces prédictions se sont réalisées : les nations qui ont accueilli la Réforme sont les seules qui ont banni la théocratie et les abus du moyen âge. Partout où l'autorité du pape a dû céder devant la liberté de conscience et d'examen, où la vie domestique, par l'indépendance de la pensée et de l'éducation, s'est affranchie de l'influence des prêtres, où désormais l'Église a été soumise à l'État et non plus l'État soumis à l'Église, le pouvoir séculier a pu reconquérir ses droits, son importance morale, sa dignité ainsi que l'influence protectrice et créatrice qu'il possédait dans l'antiquité. Alors seulement il est devenu possible de remédier aux abus commis au moyen âge par les nobles et les prêtres : l'ignorance et l'état de sujétion des classes inférieures ont disparu peu à peu ; le peuple a été appelé au partage de l'influence politique, de l'instruction et de la richesse, objets de la légitime convoitise de toute ambition humaine ; une carrière plus vaste a été ouverte aux progrès individuels et les classes privilégiées n'y ont pas été seules appelées. C'est pour cette raison que dans les pays protestants, malgré quelques derniers vestiges des temps aristocratiques, la société a subi directement l'influence de la classe moyenne. Le prince s'est dépouillé du caractère guerrier et aristocratique du chef, et le clergé, ne formant plus une corporation à part, est devenu membre de la communauté. Chez les races romanes, au contraire, les traditions du moyen âge se perpétuèrent. Chez elles tout se courba sous le joug d'une religion impitoyable et d'une constitution despotique ; tandis que chez les races germamaniques l'Église et l'État naquirent des entrailles de la nation. L'Espagne aurait dû, au moyen de ses colonies, surpasser tous les autres pays en activité commerciale et industrielle : des prêtres ignorants, des gouvernement arbitraires, en faisant de mauvaises lois sur la production, la consommation et l'exportation, comprimèrent l'activité du négoce rendu déjà peu florissant par la superstition et l'indolence du peuple. Les établissements industriels languirent, on cessa d'exploiter les mines, et l'agriculture succomba sous le poids de charges qui rappelaient le moyen âge. Le pays fut appauvri au milieu de sa richesse qui n'était qu'extérieure: quoique servi dans de la vaisselle d'or, le peuple faisait maigre chère, et la fable du roi Midas se trouva appliquée à une nation. Pendant ce temps, l'activité des marchands hollandais et anglais créait des États et des pouvoirs nouveaux au moyen des nouvelles ressources que leur procuraient leurs aptitudes commerciales. Cette indépendance du peuple, sa liberté d'aspiration mirent quelquefois un frein au pouvoir du prince sans que l'on eût besoin de recourir à des formes constitutionnelles déterminées; chez les peuples romans, le souverain conserva toujours un champ d'activité plus libre et plus vaste. Alors que les Français et les Espagnols consumaient tous leurs efforts pour créer une grande et puissante monarchie, les tendance à l'individualisme se montraient, chez les peuples germaniques, jusque dans la formation de leurs États. Si, dans ces États, se trouvaient comprises des contrées dont la nature avait tracé les frontières, on respectait leur liberté et leur indépendance gouvernementale. Chez ces nations tout tendait au partage du sol, au maintien des petites souverainetés, si un grand État en renfermait plusieurs, et à leur union dans une fédération nationale. Chez les peuples romans, quel contraste! quels tristes résultats que ceux produits par leur tendance à l'agrandissement territorial! chez les peuples germaniques, le fractionnement en petits États répandit partout la vie, le goût du commerce et l'amour de la paix. Si la Hollande et l'Angleterre furent entraînées dans de grandes guerres contre la France et l'Espagne, ce fut à leur corps défendant, et c'est en combattant pour leur sûreté personnelle, qu'elles acquirent leur puissance.

Les changements introduits dans l'État et dans l'Église par le protestantisme devaient avoir le temps nécessaire pour arriver à leur maturité; ou, pour mieux dire, les développements démocratiques, dont le germe se trouvait dans ses fondements mêmes, ne pouvaient s'étendre que peu à peu dans les grands États. Mais, déjà au temps de Luther, quand on commençait à peine à poser les premières bases de la liberté, il se trouva des hommes qui ébauchèrent le plan de l'édifice entier et résolurent son achèvement immédiat. Quelques sectes, quelques esprits entreprenants entraînèrent la Réforme, à son principe, à des conséquences qui ne devaient être le résultat de la nouvelle direction imprimée aux événements qu'à une époque plus reculée, et qui n'en étaient réellement que le but le plus éloigné, la conclusion même. Les exigences de l'ordre politique et de l'ordre ecclésiastique étaient déjà connues à cette époque; mais elles n'obtinrent satisfaction qu'après l'introduction des changements politiques en France et en Amérique; encore, cette satisfaction a-t-elle été incomplète, et jusqu'à nos jours elle n'a été que partielle et locale. Parmi les enthousiastes religieux, il y en eut quelques uns connus sous le nom d'*Inspirés* ou d'*Anabaptistes*, qui conçurent l'idée de régénérer le christianisme dans ses rites et dans ses formes selon les principes de la raison. Cette idée ne se réalisa que sous leurs descendants, et ses apôtres trouvèrent un asile en Amérique. D'accord avec Luther dont la doctrine voulait rendre la prêtrise accessible à tous, ils proposèrent en outre de discuter les intérêts de l'Église dans des assemblées laïques et d'élire les prêtres dans le sein de la communauté. Quand ils demandaient à être affranchis de l'obligation absolue de s'en tenir à la lettre de l'Écriture et à pouvoir interpréter son esprit qui n'était, à leurs yeux, que le bon sens et l'intelligence de l'homme; quand ils ne voyaient dans la Foi que la manifestation de l'amour, dans le Christ qu'un divin modèle de conduite pour les hommes et dans la Communion qu'un acte solennel de commémoration, ils professaient les doctrines du rationalisme moderne. Outre ces réformes, ils en demandaient d'autres encore dans l'ordre politique; mais leur caractère était si démocratique, qu'elles ne purent s'accomplir que bien des années après. Ils proposèrent l'abolition du service féodal, de la corvée, des redevances payées au seigneur en cas de mort, des droits et des contributions iniques, ainsi que la destruction du système des castes. Ils demandèrent un partage équitable des propriétés illégalement détenues par quelques uns; protection contre les dommages causés par le gibier du seigneur; l'établissement d'un système monétaire et d'un système de poids et mesures; la création de tribunaux civils; la diminution des pouvoirs de la juridiction ecclésiastique; l'admission du cautionnement en justice, la fixation par la commune du montant des impôts. Ils ne voulaient plus du pouvoir des princes, moins encore de la souveraineté impériale. Ce qu'ils désiraient, c'était la république ou bien une confédération des États germaniques. Ces réclamations et d'autres semblables se firent entendre pendant la guerres des paysans; formulées en articles, elles formèrent la charte que voulaient les insurgés et on les retrouva dans les écrits des Anabaptistes. La confiscation des biens ecclésiastiques fut même demandée à la Diète. Ces exigences ne sortaient pas des limites du possible; quelques grandes nations même leur ont donné satisfaction. Quant à l'antipathie des Anabaptistes pour la prestation du serment, le service militaire, l'observance du jour du dimanche et le baptême, c'étaient là des principes qui n'ont été conservés que par quelques sectes. Leurs théories sur la communauté des biens précédèrent celles des écoles communistes postérieures, et leur application, lors même qu'on l'essaya sur l'échelle la plus restreinte, est toujours demeurée impossible. D'autres esprits enthousiastes, et l'on en voit encore de semblables de nos jours, jetaient un regard en arrière sur des temps dont le retour était désormais impossible. Ils rêvaient la réapparition du don de prophétie, celle des temps primitifs de l'Église et la venue du règne que l'an mille avait dû inaugurer sur la terre. Mais, ce qui est plus remarquable encore que la demande prématurée d'application de tous ces principes, c'est le retour aux maximes de liberté et d'égalité par lesquelles le Christ affranchit l'humanité; c'est l'appel à l'autorité d'un droit divin, ou, comme on l'a dit plus tard, à l'autorité des droits de l'homme; c'est enfin l'établissement de la liberté dans l'Église et dans l'État, établissement basé sur l'idée d'un droit naturel commun à tous, et proclamé en opposition aux droits vexatoires des castes et des privilégiés.

Des changements aussi considérables ne pouvaient être introduits tout d'un coup sur une aussi grande échelle et parmi un aussi grand nombre de peuples. Il est peu d'attentes plus décevantes que celle des résultats de la marche si lente de l'histoire dans la vaste carrière des temps modernes; mais la déception est surtout amère pour ces esprits ardents qui recherchent quel est le temps nécessaire à une réforme qui commence à s'opérer et qui se voient trompés dans leurs calculs. Et ce ne furent pas seulement quelques enthousiastes qui se virent déçus dans leurs prévisions, mais encore des esprits aussi perspicaces que celui d'Hutten, aussi circonspects que celui de Milton, et des penseurs aussi calmes que Machiavel. Aucun d'entre eux ne prévit que plusieurs siècles s'écouleraient avant que la totalité de l'héritage légué par la Réforme à l'humanité pût être recueilli par les moins considérables même des nations germaniques. Luther seul se montra vrai prophète en matière d'histoire : il sut apprécier à leur juste valeur les forces qui, à cette époque, pouvaient concourir à ce grand travail et celles que devaient fournir les temps postérieurs. En attaquant la mission apostolique de l'église catholique, il anéantit l'infaillibilité du pape et renversa les barrières qui séparaient le prêtre du laïque ; en épurant le sacrement commémoratif de la Cène et le rituel de l'Église, il combattit l'hypocrisie des œuvres et y opposa sa doctrine de la justification par la Foi. Il repoussa l'excuse de la pureté d'intention ; il calma les sombres terreurs du purgatoire et abolit les jeûnes, la confession et la pénitence, au moyens desquels l'église catholique avait effrayé l'humanité. Luther avait semé : ce furent les Calvinistes et les Puritains qui récoltèrent. Il ne voulut pas consentir un seul instant à gâter le fruit en hâtant sa maturité par des moyens artificiels, car il ne visait pas tant à un succès rapide qu'à un succès assuré et durable. Jamais il ne voulut user de violence, et il le montra en maintes circonstances. Sa conduite à l'égard des Anabaptistes de Zwickau de Karlstadt et vis-à-vis des partisans de Zwingle prouva qu'il était loin de ne tenir aucun compte de ce qu'il pouvait y avoir de sensé dans leurs innovations, mais elle fit voir aussi qu'il ne se laisserait pas entraîner par les doctrines de quelques exaltés (le *perrumpamus* de Zwingle) cherchant à atteindre un but hors de leur portée. Il vit que pour bien des réformes ceux qui l'entouraient n'étaient encore ni assez mûrs, ni assez préparés et souhaita avant tout que les hommes se formassent le jugement : en un mot, il abandonna à la Providence et au temps le soin d'achever son œuvre seulement ébauchée.

Loin de hâter la marche des transformations introduites dans l'Église et dans l'État auxquelles Luther avait donné la première impulsion, le temps leur imprima un tel cachet de stabilité et de régularité, les établit sur des bases tellement solides, que la loi providentielle qui régit tout développement historique se découvre facilement ici et se révèle dans l'enchaînement et la disposition des événements. La Réforme revêtit en Angleterre et en Allemagne une forme *monarchique* que l'État et l'Église adoptèrent grâce à l'influence de Luther et de Cranmer ; dans la partie occidentale de l'Europe, au contraire, elle adopta une forme *aristocratique* : ce fut le calvinisme; enfin, elle prit un caractère *démocratique* dans les progrès du puritanisme qui ne parut qu'un moment et qui s'établit définitivement en Amérique.

Le caractère de la réforme de Luther fut monarchique dans la résistance qu'elle offrit aux principes des libres penseurs de l'époque qui auraient voulu ramener la constitution de l'ordre politique et de l'ordre religieux aux maximes du droit naturel, et qui désiraient qu'on fît dépendre la solution de cette question d'une décision à rendre par la majorité du peuple. A ceux qui voulaient que la raison fût le seul guide, Luther opposa la lettre positive de l'Écriture, et les Livres Saints lui servirent de rempart contre les Anabaptistes que Zwingle et Calvin eux-mêmes n'observaient qu'avec défiance. Aussi parmi les Réformés lui fit-on le reproche de se laisser subjuguer par un nouveau pape, par un pape de papier. Mais c'était là pour les églises protestantes de la Suisse et des Pays-Bas l'unique moyen de calmer l'agitation des esprits. L'autonomie du peuple, en matière de croyances religieuses, n'était possible que pour autant que la tolérance devînt générale, et les hommes n'y étaient pas encore suffisamment préparés. Cent ans plus tard, en effet, les sauvages excès d'une haine intolérante et le commencement d'une guerre qui dura trente années ne signalèrent-ils pas presque partout le premier jubilé de la Réforme? Luther n'avait pas manifesté son opinion sur la question de savoir si l'Église revêtirait une forme presbytérienne, question librement discutée et proposée en Hesse en 1526. Il s'était contenté de placer à la tête des affaires ecclésiastiques des hommes instruits qui aideraient à l'instruction du peuple. Leur profession devait être protégée et rétribuée par l'État. Ce fut donc volontairement qu'il rendit le pouvoir religieux dépendant du pouvoir séculier, prévenant ainsi pour toujours la domination du premier sur le second. La mission du prêtre, qui aux yeux des catholiques était une mission divine, devint une simple fonction séculière chez les Protestants : l'accusation portée contre Luther par ses ennemis d'avoir voulu créer une nouvelle papauté tombe donc d'elle même. Ces mesures devaient à la vérité donner de la consistance au caractère monarchique de la Réforme; mais comme il s'agissait alors de lui donner ses premiers fondements, il fallait nécessairement, pour les rendre solides, invoquer le secours de la monarchie. Il était à prévoir que le pouvoir séculier et le prince feraient des empiétements sur le domaine de la nouvelle église; et la chose semblait inévitable lorsqu'on songeait à ceux que l'ancienne avait faits autrefois sur le domaine de l'État. Le droit divin d'investiture que Luther enleva au pape, auquel il n'avait cessé d'appartenir, pour le donner au magistrat séculier, augmenta le pouvoir du prince et prêta un caractère sacré à sa suprématie. Ainsi disparut le prestige qui avait jusque alors entouré la papauté. Sentant combien l'appui du pouvoir séculier lui était nécessaire, Luther le fortifia par tous les moyens possibles ; comment, en effet, sans son secours, aurait-il pu frayer la route à son parti, dans un pays déchiré par mille dissensions, tout en luttant contre la forte et terrible organisation de l'église romaine, contre les forces réunies de l'Empire et de la papauté? Si le peuple et ceux qui le dirigeaient eussent suivi des routes différentes, que serait-il advenu de sa cause pendant la guerre de trente ans? Toutefois, leur union coûta cher, car la soumission absolue du peuple au souverain en fut le prix. Pendant les guerres religieuses et à l'époque des traités qui eurent lieu au xvi° et au xvii° siècle, la lutte eut pour but non seulement d'obtenir la liberté de conscience, mais encore (et c'est ce qui montre à l'évidence le caractère monarchique de l'église luthérienne) de conquérir aux princes le droit d'introduire dans leur gouvernement et dans l'Église des réformes favorables au peuple (*cujus regio, ejus religio*). L'Angleterre, bien plus que l'Allemagne, se ressentit des dangers que pouvaient faire courir à la liberté de l'État et de l'Église les abus du pouvoir monarchique. Henri VIII détruisit la suprématie du pape, mais ce fut pour la remplacer par sa puissance et son infaillibilité personnelles qui n'étaient limitées par aucune loi, par aucune assemblée du clergé. La mission apostolique du prêtre, en Angleterre, comme en Allemagne, reçut un caractère séculier; mais, dans le premier de ces deux pays, cette mission fut octroyée par le roi, l'épiscopat fut conservé et l'ordination réservée à l'évêque du diocèse. L'autorité du pape fut donc, comme le disaient les Puritains, tout simplement déléguée aux évêques. Les rites et la doctrine conservèrent leur ancien caractère d'immutabilité et l'on maintint l'ostentation du culte et des cérémonies. Le haut clergé devint un corps aristocratique placé sous la dépendance immédiate du souverain, et leurs intérêts se confondirent au point de faire croire à Jacques Ier que l'existence de la royauté dépendait de celle de l'épiscopat.

Non contente de l'arbitraire et de l'autorité qu'elle exerçait en matière religieuse, la monarchie augmenta encore son pouvoir despotique dans l'État ; irritée de la résistance des Réformés, des Calvinistes et des Puritains, elle commit des excès ; il en résulta une révolution qui fit disparaître pour quelque temps l'Église et la monarchie anglaise.

En Allemagne, les choses avaient pris une tout autre tournure : l'esprit prévoyant de Luther avait rendu impossible au prince de remplir le rôle joué par le pape. Dans ce pays, grâce à leur modeste position, les prêtres, pris surtout dans la classe moyenne, ne se trouvaient pas dans un état de dépendance tel, qu'il pût amener aussi rapidement qu'en Angleterre l'anéantissement de leur liberté religieuse. Les petits princes étaient ici en contact trop intime avec leurs sujets, leurs intérêts, qu'ils avaient à défendre contre le pape et l'Empereur, étaient trop étroitement liés avec ceux des populations pour qu'ils ne se déterminassent point à favoriser, quelque désagréable que fût pour eux cette tâche, l'émancipation du peuple. Enfin, ce n'était pas une révolution qu'il fallait craindre en Allemagne, mais une réaction opérée par le pape et l'Empereur qui à la paix de 1552 n'avaient accordé aux Protestants qu'une espèce de tolérance sous la forme d'un armistice.

Si la division des États allemands, leur défaut d'union, fit obstacle à l'émancipation complète de l'Église au dehors, sa liberté à l'intérieur n'en fut que plus parfaite. L'Église était territoriale en Allemagne ; ses limites étaient les mêmes que celles de l'État dans lequel elle était établie ; mais ses progrès furent différents dans chaque pays. Le manque d'unité dans la nation, le défaut d'assemblées générales de l'Église, l'absence d'un corps ecclésiastique soumis à une seule volonté et dépendant de la même métropole, rendirent impossibles une organisation uniforme, une unité dogmatique et liturgique. La domination universelle de la papauté, une fois anéantie, on créa un grand nombre d'églises évangéliques, conformément à la doctrine du protestantisme, au lieu de créer une seule Église qui, semblable à celle qui venait d'être détruite, eût de nouveau enchaîné ses membres dans une puissante unité.

La situation des affaires de l'Église concordait avec celle de l'Allemagne après les changements politiques amenés par la Réforme. Le monarque fut mis à la tête de l'Église et vit ainsi son influence s'accroître; mais les véritables bases de la liberté religieuse avaient été jetées par le renversement de la suprématie spirituelle et par la création d'une nouvelle Église qui ne devait pas suivre les errements de l'ancienne. Ce fut dans de semblables circonstances que naquit la prépondérance politique des princes qui régnaient non sur une seule nation, sur un seul État, mais sur des peuples de races différentes. Toutefois, le dangereux pouvoir de l'Empereur et du pape fut par là anéanti; la consolidation de ces petits États, quelque désastreuse qu'elle fût pour la puissance de l'Allemagne à l'extérieur, devint, grâce aux circonstances, plus avantageuse que nuisible, et fut plutôt nécessitée que librement admise. Pendant plusieurs siècles, on avait vu échouer toutes les tentatives faites pour améliorer la constitution de l'Empire et de l'Église : c'était la conséquence du degré de développement auquel étaient parvenues les institutions dans tant de pays séparés. Les aptitudes politiques de l'Europe n'étaient pas encore assez avancées pour entreprendre de donner de la solidité à la constitution d'une confédération plus vaste qui eût pu maintenir l'ordre à l'intérieur tout en conservant sa puissance à l'extérieur.

La Suisse et les Pays-Bas eux-mêmes, pays dont les territoires étaient certes plus restreints, ne pouvaient alors y parvenir et n'y réussirent pas davantage plus tard quand ils se trouvèrent sous le coup des dangers les plus imminents. Comment donc la chose eût-elle été possible en Allemagne avec les éternels froissements des États entre eux, des nobles avec les princes, des princes avec l'Empereur! Deux faits importants avaient déjà prouvé à cette nation l'autonomie de ses princes souverains : l'Empereur se montrait-il faible? aussitôt l'anarchie se répandait dans toutes les institutions de l'État ; était-il puissant? ces mêmes institutions se trouvaient menacées par les nouvelles ressources et le pouvoir ambitieux de l'Autriche.

Les princes se trouvant abandonnés à eux-mêmes n'avaient que leurs seules forces pour résister aux progrès de l'anarchie : c'est ainsi que sous le règne du puissant Charles Quint ils ne purent obtenir de ce prince aucun secours pour étouffer l'insurrection des paysans et une révolte de la noblesse, telle que celle de Sickingen, ni même son arbitrage pour calmer les violents débats de la Diète. Ils durent s'opposer eux-mêmes au droit de guerre privée et à la violence de l'aristocratie féodale ; tandis que d'un autre côté leur résistance à l'Empereur était devenue pour eux un devoir patriotique, car c'était combattre l'oppression étrangère. Leurs obligations se trouvaient ici être les mêmes en politique que vis-à-vis du pape. La pensée intime de Maurice de Saxe, le but avoué de tous ses efforts, était de défendre l'Allemagne contre l'Espagne et contre Rome, et de la sauver du joug des prêtres et des Espagnols.

Le renversement de Charles-Quint fut la victoire du principe national sur le principe étranger, le triomphe de la liberté nationale et des institutions fédérales sur le pouvoir illimité de l'Empereur. Prouver à ce dernier qu'il n'était pas un monarque absolu, mais le premier seulement parmi ses égaux de l'aristocratie féodale des princes allemands, telle avait été l'idée déjà émise lors de la ligue de Smalkalde et qu'on avait fait triompher en 1552 à la Paix de Religion. Grâce au mouvement protestant, la réforme politique, si longtemps arrêtée par les efforts combinés de l'Empereur et du pape, parvint enfin à s'opérer. Le pouvoir exécutif et judiciaire du premier se partagea entre les États de la Diète ; les limites du territoire furent mieux déterminées ; on prit des mesures plus efficaces pour assurer la paix et la tranquillité du pays, et l'on donna au tribunal de l'Empire la forme qu'il a longtemps conservée. Quant au pape, son intervention dans les affaires de l'Empire cessa d'elle-même.

Les franchises électorales des provinces furent désormais assurées, et, depuis lors, elles ne furent jamais perdues de vue par les souverains étrangers qui redoutaient la puissance de l'Autriche. Ce démembrement des forces et des États de l'Allemagne permettait, il est vrai, à l'étranger d'exercer avec succès son influence désastreuse, mais il mettait aussi obstacle aux entreprises destructives d'un Empereur étranger cherchant à soumettre le peuple à sa volonté despotique. Alors la liberté, brisant ses chaînes, se manifesta sous toutes ses formes : la succession héréditaire, l'indivisibilité du pays, le perfectionnement de l'institution de la Diète, donnèrent une force nationale au pouvoir des princes souverains, tout en leur assurant le droit d'élire leur Empereur. Ce fut ainsi que les États confédérés obtinrent la supériorité sur la monarchie. Bien qu'au point de vue de la politique séculière et ecclésiastique, cet avantage ait été chèrement payé, ce fut cependant, au point de vue de l'indépendance nationale et même de la liberté européenne, un avantage réel et incontestable.

Quand l'Empire échut à la maison d'Autriche, celle-ci ne regarda l'Allemagne que comme un instrument destiné à la servir dans ses projets ; ce pays ne fut pour elle que la partie dépendante d'un vaste ensemble d'États étrangers. Si l'on se place même au point de vue de sa nationalité, l'Allemagne n'avait nulle raison de désirer l'unité qu'elle reçut alors, et encore moins, si on la compare à la grande famille des nations du Continent. Il était de l'intérêt de l'Europe entière de ne pas laisser s'édifier, selon les vues de la politique espagnole, une vaste monarchie, précisément au centre de cette partie du monde, en Allemagne et en Italie, d'où elle aurait pu facilement imposer partout sa domination universelle. Il était de la plus haute importance que les petits États, barrière naturelle s'étendant du cap Nord à la Sicile, ne fussent pas engloutis dans le grand empire monarchique de l'Est et de l'Ouest. L'indépendance de l'Europe entière y était intéressée. Et, quelle que pût être enfin, dans chacun de ces États, la liberté intérieure, soit politique, soit religieuse, il est vrai de dire cependant que l'absolutisme auquel l'Allemagne voulut se soustraire à cette époque, en refusant l'unité que lui aurait donnée le gouvernement d'un seul maître, parvint néanmoins plus tard à se faire jour dans les diverses parties de ce grand pays. Toutefois, alors, divisé et morcelé comme il l'était, il offrit moins de dangers, et l'on peut lui attribuer tout le mérite non-seulement de ne pas avoir empêché, mais encore d'avoir provoqué en Allemagne la grande révolution morale du xviiie siècle, qui fit faire tant de progrès à la liberté politique en Europe.

. La révolution allemande du xvie siècle eut lieu dans l'État et dans l'Église, mais ce fut une révolution monarchique. La noblesse féodale, dans tous les autres États de l'ouest de l'Europe, succomba en se rencontrant avec l'absolutisme royal. Mais en Allemagne, en triomphant de l'absolutisme impérial, elle conquit, dans la personne de ses principaux chefs, une souveraineté indépendante que devait renverser plus tard, non une révolution militaire, mais une révolution civile. Celle-ci, provoquée par la Diète de l'empire germanique, se maintint dans une sphère exclusivement monarchique et fédérale, tandis que les Pays-Bas et la Suisse, qui se tenaient séparés de l'Empire, se transformaient en fédérations aristocratiques.

En Suisse, les guerres de l'indépendance, qui eurent lieu avant l'époque à laquelle nous commençons notre aperçu historique, avaient été le prélude des événements dont l'Allemagne avait été le théâtre sous Charles-Quint : elles furent suivies de la séparation des

Pays-Bas de l'Espagne sous le règne de Philippe II. Comme les races germaniques, la Suisse et les Pays-Bas étaient portés au fractionnement et ennemis acharnés de toute tendance à la constitution d'un seul grand État. Ce fait, quant à ce qui regarde le premier de ces deux pays, offre un intérêt tout particulier. Ce ne furent pas des princes issus de maisons impériales ou royales qui essayèrent les premiers et avec le plus d'opiniâtreté d'augmenter leur puissance : ce furent des familles sorties des limites étroites d'un État féodal.

Ainsi, la puissance de Charles-Quint, cette puissance qui causa tant d'effroi au monde, devait son origine à la réunion des maisons de Hapsbourg et de Bourgogne. Une chose digne de remarque, c'est l'expérience politique qui dirigea les vues de ces deux familles sur le point central de l'Europe, c'est-à-dire la Suisse, dont la possession, convoitée par elles, devait contribuer aux progrès de leur puissance. Mais ce qui doit davantage attirer notre attention, c'est ce sentiment national qui porta spontanément les Suisses à se lever pour combattre les premiers germes de ce pouvoir; ce sentiment national qui, au xivᵉ et au xvᵉ siècle, fut cause des avantages qu'ils remportèrent sur ces deux maisons, alors que, chacune séparément, sans accord commun, elles ne faisaient que commencer leurs tentatives d'empiètements; ce sentiment enfin qui, lors de leur réunion sous Maximilien, permit à l'Helvétie de conserver son existence et son indépendance. Si la Suisse, berceau de la maison de Hapsbourg, avait, la première, commencé la lutte contre l'Autriche, les Pays-Bas, berceau de la maison de Bourgogne, prirent l'initiative dans la guerre de l'Allemagne contre la Bourgogne. Philippe II continua la politique de Charles-Quint. Celui-ci s'étant proposé l'absorption de l'Allemagne dans son vaste empire, son fils résolut d'assimiler complétement les Pays-Bas au reste de son royaume, qui en compensation de la perte du vaste territoire de l'Empire avait acquis le Portugal et ses colonies. À la liberté des États devait succéder le despotisme espagnol; un gouvernement national devait disparaître devant la domination étrangère; l'indépendance des provinces, devant la monarchie absolue; la liberté de conscience, devant l'oppression catholique. Lorsque, en 1567, à l'effet de déterminer le montant des impôts, on eut créé un conseil d'État espagnol, quand une armée espagnole eut pénétré dans le territoire, les griefs étaient plus suffisants, pour légitimer une révolution, que ne l'étaient les circonstances dans lesquelles se trouva l'Allemagne pendant l'intérim. Bientôt on créa des impôts onéreux, assez semblables à ceux que les Anglais plus tard reprochèrent aux Stuarts d'avoir créés ; on institua un tribunal des troubles, qui, de même que la *Chambre étoilée*, commit des actes de cruauté inouïe; on abolit le libre vote des subsides, et on accabla le commerce de charges écrasantes : toutes ces causes eurent les mêmes effets que ceux que produisit en Angleterre *l'impôt maritime*, sous Charles Ier.

En dépit de la gravité de tant de griefs politiques, la véritable raison de la séparation, dans les Pays-Bas comme en Allemagne, peut être attribuée aux sentiments religieux qui, à cette époque, exerçaient plus d'empire sur l'homme que le patriotisme. En effet, toutes les fois que l'Espagne fit des concessions, elle se montra toujours inflexible à l'endroit de la religion, lors même qu'elle consentit à garantir le maintien de la constitution.

Les provinces des Pays-Bas, qui, en raison de leurs intérêts politiques, avaient tant de motifs pour rester unies, se disputèrent sur ce point avec plus de violence que ne le firent jamais les sectes protestantes de la Suisse et de l'Allemagne.

Quand (1579-1580) les provinces du nord (*Union d'Utrecht*) se détachaient de Philippe II, elles étaient mues par les principes du calvinisme, qui s'était enraciné chez elles. D'après ces principes, le droit naturel autorise toujours un peuple et ses représentants, quand le souverain méconnaît ses devoirs, à les lui rappeler eux-mêmes, lorsque toutes les représentations qu'on lui a faites ont été inutiles. Pour beaucoup de gens cette séparation fut un sujet de crainte. Ils se hâtèrent de chercher leur salut dans la création d'une monarchie nouvelle ou même dans leur réunion aux puissantes maisons princières du voisinage; et, s'ils ne réussirent point dans cette tentative, ce ne fut pas que la volonté ou l'activité leur manquassent, mais bien parce qu'ils ne reçurent ni encouragement, ni secours de l'Allemagne, et que l'Angleterre et la France refusèrent la couronne qu'ils leur offraient. Quant aux maisons d'Anjou ou d'Orange, des morts successives avaient anéanti toutes les espérances qu'on avait pu concevoir à leur égard. On adopta une forme républicaine de gouvernement; mais cette forme ne pouvait, dans la circonstance, être avantageusement comparée à la monarchie fédérale, dont les principes avaient fait de si rapides progrès en Allemagne. L'union fédérale .

des provinces ne fut constituée ni plus solidement ni plus habilement qu'en ce pays et en Suisse. Un fait digne de remarque, qui se rencontre dans toute fédération d'origine germanique, même en Amérique, c'est que, tant que dure le péril, l'union subsiste, tandis que, en dépit de la constitution, les liens se relâchent aussitôt que la sécurité renaît.

Les diverses formes de gouvernement successivement adoptées par les Pays-Bas, ainsi que nous le révèle l'histoire de ce pays, durent leur origine à la nature particulière des dangers qui menacèrent du dehors : tantôt on donna la préférence au gouvernement d'un seul (*le Stadhoudérat*), tantôt au parti fédéral des états généraux, tantôt enfin à la confédération autocratique et provinciale des autorités municipales. Malgré la fréquence de ces changements, on ne donna jamais de solution constitutionnelle à la question de savoir où résidait le pouvoir, si c'était dans les assemblées provinciales ou dans les états généraux. La maison d'Orange aida quelquefois ces derniers, et prit même la défense de leur souveraineté lors du renversement d'Olden-Barneveldt. Toutefois les assemblées provinciales s'étaient de fait emparées du pouvoir; tout leur échut en partage : l'administration de l'État et de l'Église, la nomination aux emplois, le droit de grâce, le droit d'établir les impôts, enfin le droit de décider en dernier ressort de la paix et de la guerre. Elles n'étaient pas cependant complétement indépendantes des municipalités, car celles-ci n'élisaient pas seulement les députés aux assemblées (lesquelles à leur tour nommaient les membres des états généraux), mais elles possédaient encore une espèce de veto; et les cités les plus puissantes, de même que les princes allemands et les cantons de la Suisse, osèrent quelquefois faire alliance avec les ennemis les plus dangereux de la nation. Comme nous l'apprend la correspondance officielle des États avec la reine Élisabeth, le pouvoir souverain n'était pas alors réclamé par les assemblées provinciales, mais par leurs délégués immédiats, les représentants municipaux. Remarquons, à ce propos, avec quelle constance les races germaniques sont toujours restées fidèles à leur esprit d'opposition à toute tendance vers l'unité. Ainsi, en Allemagne, cet esprit se manifeste sous une forme territoriale; dans le pays qui nous occupe, ainsi qu'en Suisse, sous une forme provinciale et cantonale, et même sous la forme municipale.

Politiquement parlant, c'était peut-être un mode de gouvernement moins parfait qu'en Allemagne, bien qu'il fût la conséquence naturelle des précédents historiques des Pays-Bas. Ceux-ci, en effet, comme la Suisse, et plus encore, à ce qu'il semble, devaient leur caractère particulier à la splendeur et au développement de leurs cités. Grâce à ses ressources infinies, la classe moyenne avait de bonne heure supplanté la classe des nobles et des prêtres et totalement anéanti le système féodal, ainsi qu'avaient fait les républiques italiennes. Dans la république batave, toute la puissance se trouvait non pas dans les états généraux, non pas dans les assemblées provinciales, mais dans les cités où elle était entre les mains d'une aristocratie compacte. Dès lors, il ne pouvait donc être question ni de représentation nationale, ni d'institutions démocratiques, ni des franchises électorales de la commune. Ainsi que dans les villes suisses, le gouvernement était exercé par un patriciat dont les membres permanents, d'abord choisis par le *stadhouder* sur une liste dressée et proposée par la commune, furent élus plus tard directement par celle-ci, à l'époque où la confédération et l'autorité municipales eurent atteint leur plus haut degré de développement. Cette aristocratie permanente, bien que souvent renversée par les efforts combinés du peuple et du *stadhouder*, présenta aux innovations démocratiques une barrière que ces attaques ne firent que rendre plus solide. Les libertés communales se trouvèrent aux prises avec l'aristocratie féodale, et, quand elles eurent succombé, les citoyens empruntèrent à celle-ci ses coutumes et ses lois ; dès lors l'aristocratie continuant à subsister se rapprocha de la classe moyenne. Les libertés de la nouvelle république, pas plus que celles de l'Allemagne monarchique, n'étaient basées sur le droit naturel ; mais les libertés et les droits étaient ici des faits acquis à l'histoire ; ils étaient protégés et défendus seulement contre les aggressions étrangères et plus étendus d'ordinaire entre les mains de ceux qui les possédaient que répartis parmi un plus grand nombre de possesseurs.

En Suisse et dans les Pays-Bas le principe aristocratique était aussi profondément enraciné dans la classe moyenne que le principe monarchique en Allemagne ; les efforts de Luther dans ces deux premiers pays, et ceux de Calvin dans le dernier avaient été impuissants à modifier cet état de choses. L'Église et l'État furent donc forcés de se plier aux exigences des deux principes qui dominaient dans ces contrées. Ce fut à Genève, la cité mère et le modèle du calvinisme, qu'en l'absence des obstacles qu'aurait offerts l'autorité d'un prince, ou tout autre pouvoir, les circonstances permirent l'érection d'un édifice qu'on n'eût pu que difficilement construire ailleurs; ce fut chez un peuple grossier, composé de races différentes et qui pendant un certain temps s'était abandonné à la plus effrayante immoralité, que l'on conçut le plan d'une république. Au premier essai qu'il fit pour purifier cette Sodome, Calvin fut expulsé; mais ses réformes n'en furent que plus efficaces quand on l'eût rappelé. Il prêcha alors avec le double caractère d'un législateur grec et d'un réformateur chrétien. Comme le christianisme, lors de son apparition, la réforme de Luther se conformant à l'esprit de l'Évangile s'était montrée facile en ce qui concernait l'État, sous la sauvegarde duquel il avait fini par mettre l'Église. Calvin, au contraire, guidé par l'esprit théocratique de l'ancienne loi mosaïque, remania à la fois et l'Église et l'État.

Telles sont les causes qui distinguent l'esprit du calvinisme de celui du luthéranisme. La religion et la politique étant devenues l'objet d'une même réforme, Calvin s'appliqua à les renfermer chacune dans la sphère qui leur est propre et à leur conserver leurs attributions respectives. Il sépara avec soin la juridiction spirituelle et la juridiction séculière, et distingua entre la nature des châtiments qui étaient de leur compétence, entre la censure ecclésiastique et les sentences des tribunaux civils. Mais l'union du pouvoir spirituel avec le pouvoir temporel devait donner naissance à une discipline rigoureuse qui, entravant la libre manifestation des croyances et des pensées de l'individu, réglant sa morale intérieure et extérieure, donna bientôt dans Genève même des exemples de la plus sanglante intolérance; et, comme il n'existait point d'institutions populaires qui eussent pu servir de contre-poids à ces violences, cette politique censoriale commit les plus grands excès. Le consistoire, ce corps composé de laïques et d'ecclésiastiques, à qui la haute censure permettait d'exercer un gouvernement en quelque sorte théocratique, était composé comme le petit conseil, seul représentant du pouvoir civil, d'après le système aristocratique traditionnel de toutes les chartes communales de la Suisse et des Pays-Bas.

L'institution la plus libre du calvinisme fut la constitution presbytérienne promulguée par une assemblée de laïques et d'ecclésiastiques chargée d'interpréter les Écritures et de rendre des décisions sur des article de foi.

Le caractère démocratique de cette assemblée, dont le principe cependant était une aristocratie, causa le plus grand effroi aux catholiques de France, quand ils virent s'introduire chez eux la nouvelle religion. Les deux laïques, ou *anciens*, sans lesquels l'ecclésiastique ne pouvait paraître dans les synodes calvinistes français, étaient choisis par le consistoire dans le peuple, et la congrégation ne conservait qu'un droit de veto. — Bien que, dans les Pays-Bas, le calvinisme, à cause de son origine et de la position de ses partisans, parût entièrement appartenir à l'élément démocratique, il n'y conserva pas moins son caractère aristocratique. Déjà, pendant la domination des Espagnols, des fanatiques venus d'Allemagne et de France avaient commencé à prêcher la nouvelle religion. Les persécutions horribles dont on les accabla, la guerre acharnée qu'on fit à leur doctrine ne servirent qu'à augmenter le fanatisme du clergé et du peuple, dont l'intolérance causa la séparation de la Belgique. Les sentiments du peuple ne furent point partagés par les patriciens quand la république eut été établie. Aussi, lorsque les querelles amenées par la célèbre controverse d'Arminius (1) déchirèrent l'État, les autorités municipales se déclarèrent pour cette doctrine qui faisait présager les grands progrès que ferait plus tard l'église réformée, et dans laquelle se trouvait mitigé, par un sentiment naturel de liberté, la rigueur du dogme calviniste de la *prédestination*.

L'éducation et la tolérance, les intérêts du commerce et les rapports internationaux, ainsi que la maxime politique imposant à l'Église l'obligation de se soumettre à l'État, telles furent les raisons qui justifièrent leur option pour les principes d'Arminius. Cependant le clergé, qui eut désiré voir l'Église indépendante de l'État, le peuple, qui lui obéissait aveuglément, et les fugitifs belges, qui, n'ayant pas obtenu le droit de bourgeoisie, étaient hostiles à l'aristocratie, tous défendaient le calvinisme.

---

(1) Arminius (Jacques), né en 1560, mort en 1609, fut professeur de théologie à Leyde. Il eut de fréquentes querelles avec Gomar qui l'accusait de dévier de la confession. Ses partisans prirent le nom d'Arminiens ou de Remontrants.
(Note du traducteur).

Au synode de Dordrecht (1618), le *stadhouder*, qui cherchait à se rendre maître du pouvoir, se montra favorable au parti démocratique contre les Arminièns. Mais à peine les Calvinistes eurent-ils remporté la victoire, que la force des circonstances politiques les obligea à y renoncer : ils durent maintenir le principe de la suprématie de l'État sur l'Église, principe toujours défendu par l'aristocratie, et accepter la constitution religieuse de 1591, œuvre de la noblesse qui désirait garder le privilége de nommer aux emplois ecclésiastiques et conserver ainsi la direction de l'Église. Peut-être pourrons-nous découvrir dans l'essence même de la religion calviniste la raison d'être du principe aristocratique, dont nous avons signalé l'existence dans sa constitution : le fatalisme (*decretum horribile*) regardait la prédestination comme un corollaire indispensable de la prescience du Créateur, qui lui permet dans sa clémence et sa sagesse de destiner les uns à un salut éternel dans son royaume céleste, et d'en exclure les autres sans avoir égard à leur conduite ou à leurs mérites. Cette doctrine n'était repoussée que par quelques natures philanthropes comme celles d'Arminius, de Mélanchton (1), de Bolsec (2) et de leurs adhérents. En outre, elle se bornait à prescrire une morale stricte, et recommandait l'étude de l'astrologie, souvenir d'un âge superstitieux; enfin, elle se trouvait d'accord avec l'esprit des institutions de l'État, dont les dignités et le pouvoir étaient l'apanage de ceux seulement qu'y avait appelés la faveur ou bien la volonté de l'autorité suprême.

Si ensuite nous en venons au fondateur de cette doctrine renouvelée d'Augustin, c'est-à-dire à Calvin, nous trouverons dans la nature de l'homme lui-même l'explication du caractère aristocratique de sa doctrine ainsi que celle de la base conservatrice sur la-

(1) Mélanchton (Philippe). Son véritable nom est Schwartz – Erde (terre noire), qu'il changea bientôt pour celui de Mélanchton. Ce célèbre réformateur naquit dans le Bas-Palatinat en 1497. Il fut l'ami de Luther et rédigea la célèbre *Confession d'Augsbourg*. Il mourut en 1560, laissant un grand nombre d'écrits.
(Note du traducteur).

(2) Bolsec (Jérôme-Hermès), médecin et aumônier de la duchesse de Ferrare. Il adopta les principe de la Réforme, mais les abjura bientôt, par suite des querelles qu'il eut avec Calvin, dont il a écrit la vie ainsi que celle de Théodore de Bèze.
(Note du traducteur).

quelle il insista, autant que Luther avait insisté sur sa doctrine du sacrement de la Cène. Par ses leçons, par ses études classiques et juridiques, par la finesse de ses écrits, Calvin, bien mieux que le plébéien Luther, avait attiré à sa doctrine les classes élevées et instruites de la société.

Dès le principe, il s'était rendu avec ses plans de réforme aux cours de France et de Ferrare, et, depuis lors, il avait entretenu de continuelles relations avec les grands seigneurs français et tenu longtemps une correspondance avec les nobles de Pologne. Aussi, comme personne ne l'ignore, ce fut principalement par l'intermédiaire de la noblesse que le calvinisme pénétra en France et en Écosse, car le peuple, en France, ne discontinua pas d'aller à la messe. Calvin avait une trop profonde connaissance de l'histoire pour vouloir admettre telle ou telle forme précise de gouvernement. Quelque hostile qu'il se montrât envers le pouvoir absolu des princes, il fut loin de partager les principes proclamés plus tard par les prédicateurs calvinistes touchant le droit qu'avait le peuple de résister à l'autorité. Dans cette question, sa prudence fut égale à celle de Luther. Quand, en France, sous le règne de François II, les nobles conseillèrent un appel aux armes, ils invoquèrent les principes des précédents posés pendant les transactions de la ligue de Smalkalde ; mais Calvin ne se sentait pas du tout disposé à décider la question au point de vue juridique. Il était encore moins porté à le faire que Luther, qui demeura longtemps avant de sanctionner la résistance et qui ne le fit qu'à contre-cœur ; du reste il ne la sanctionna que vis-à-vis de la Diète, et en matière de foi seulement, parce qu'il la croyait autorisée par ce texte formel de l'Écriture : « On doit obéir à Dieu plutôt qu'à l'homme. »

Si Calvin, quant à ce qui regarde les dogmes, ne se montra ni plus indépendant, ni moins conservateur que Luther, s'il ne fut pas moins modéré que lui dans ses opinions politiques, sa réforme toutefois tendait davantage à marcher plus avant dans la voie démocratique de progrès des idées protestantes sur l'Église et sur l'État. Quant à la religion, la simplicité de la liturgie était plus d'accord avec la démocratie ; l'Église, grâce à sa constitution, put se développer plus librement. L'intolérance dont on faisait preuve vis-à-vis des anciennes erreurs et de celles qui s'étaient nouvellement fait jour provoqua l'apparition de ces esprits téméraires et

disputeurs qui n'étaient pas satisfaits comme les Luthériens de la
tolérance, mais qui cherchaient plutôt à imposer leurs opinions.
Quant à la politique, la tendance progressive du réformateur suisse
se montre dans son projet d'améliorer la condition de l'État et de
l'Église. Luther n'ignorait pas non plus que le gouvernement séculier de son pays nécessitait une réforme; mais, redoutant un second
Munzer (1), il crut prudent d'abandonner ses projets d'amélioration.
Il en fut autrement du précurseur de Calvin, de Zwingle, que sa
nature guerrière et pratique porta dès le principe à réformer la
Confédération; il en fut autrement encore de Calvin que ses études
semblaient pousser dans la carrière de l'homme d'État, bien mieux
que sa soudaine vocation intérieure ne le rendait apte à remplir le
rôle de réformateur chrétien. Aussitôt que le calvinisme se fut déterminé à exercer son empire dans l'État et dans l'Église, l'esprit de
fatalisme et d'intolérance envahit spontanément le domaine de la
politique. Les réformes radicales de Calvin armèrent immédiatement
contre lui le despotisme ecclésiastique de Rome et le despotisme
séculier des monarchies; et l'extrême intolérance de Caraffa (Paul IV)
n'eut d'autre cause que son ardeur à poursuivre les Calvinistes. En
France et en Autriche, l'absolutisme se leva pour mettre obstacle
aux velléités républicaines des cités françaises et pour étouffer les
tendances qui se manifestèrent en Autriche au commencement du
xviie siècle, tendances favorables à l'adoption de la constitution de
la Suisse et des Pays-Bas. Cette réaction causa les revers et les résultats négatifs du calvinisme à l'ouest de l'Europe et aigrit encore davantage ses adhérents. Zwingle, jaloux de Luther et convaincu de l'excellence de ses doctrines, s'était flatté de voir l'Espagne, la France et
l'Angleterre adopter ses vues. Ce furent précisément sur ces pays,
qui ne pouvaient comprendre les accents profonds de la voix germanique de Luther, que se reportèrent les adhérents de Calvin
comme sur un bien qui devait leur appartenir. Malgré son zèle,
Zwingle n'avait obtenu pour tout résultat que le raffermissement du

(1) Munzer ou Muntzer (Thomas) fut d'abord disciple de Luther, dont il
exagéra les doctrines. S'étant mis, en 1520, à la tête des Anabaptistes, il livra
plusieurs batailles sanglantes. Il se comparait à Gédéon, et voulait imposer ses
théories au moyen de l'épée. Battu par les princes confédérés, il fut mis à mort
en 1525.

(Note du traducteur).

catholicisme dans la moitié de la Suisse; tel fut aussi, dans la moitié des Pays-Bas, le résultat des efforts du calvinisme. Quant à l'Espagne, la réforme n'y atteignit jamais. Les échecs des Calvinistes en France et en Angleterre furent dûs à diverses causes : on doit spécialement les attribuer à la rigueur de leur discipline qui attaquait sans ménagements les mœurs et les coutumes, à la manière dont était constituée leur église ainsi qu'à leurs maximes politiques et à leurs institutions gouvernementales. Comme on le voit à l'évidence, il fallait à l'œuvre de la Réforme le temps nécessaire pour parvenir à sa maturité. Les libres tendances du calvinisme, trop pressées d'arriver au but, produisirent une réaction générale et terrible du catholicisme, et cette réaction, qui s'étendit partout depuis l'ascension de Paul IV au trône pontifical jusqu'à la guerre de trente ans, fut un instant sur le point d'arrêter brusquement la marche des progrès démocratiques de la Réformation.

Le Saint-Siége, lorsqu'il partageait encore les sentiments libéraux de l'ère des Médicis et qu'il se trouvait seul en présence de la doctrine de Luther, craignit les avantages qui pourraient résulter pour Charles-Quint d'un schisme dans l'Église, et tenta un effort infructueux afin de faire un compromis avec le protestantisme. Quand le calvinisme eut rapidement conquis le Nord de l'Europe au bout des soixante ou soixante et dix premières années du xvie siècle, quand la papauté eut trouvé en Philippe II un appui et que les querelles intestines des Protestants d'Allemagne l'eurent mis à l'abri de toute attaque, quand enfin les Pays-Bas eurent fait alliance avec l'Angleterre, l'antagonisme des deux communions se dessina nettement. Le trône pontifical et son église, son existence et sa discipline, ses principes et sa doctrine subirent une transformation. Mais, loin de revêtir le brillant caractère de la civilisation italienne et allemande, cette transformation se fit selon l'esprit sombre et ascétique du fanatisme espagnol. C'était cet esprit qui avait enfanté la politique du roi d'Espagne, l'Inquisition et l'ordre des Jésuites. Ces trois épouvantables instruments servirent au rétablissement de l'autorité pontificale : ce furent eux qui, chez les nations romanes, arrêtèrent les progrès de la Réforme; ce furent eux qui, au moyen de la contrainte physique et de la contrainte morale, firent rentrer sous le joug de Rome les pays qui s'y étaient soustraits. Durant la longue période pendant laquelle se produisit cette terrible et persévérante réaction, le Saint-Siége ne cessa de suggérer aux Espagnols les mesures les plus violentes contre les Pays-Bas. La nuit de la Saint-Barthélemy ajouta à ses triomphes et les Jésuites continuèrent leurs conversions dans les pays romans, semi-germaniques et slaves, c'est-à-dire en France, en Belgique, en Autriche et en Pologne, partout enfin où le protestantisme ne s'était pas enraciné dans les esprits. L'Angleterre, qui offrait son puissant et fraternel secours aux Protestants, s'attira la haine des Espagnols depuis l'époque d'Élisabeth jusqu'à celle de Charles I. Mûs par leurs intérêts, les ducs de Bavière et les princes ecclésiastiques, que guidait leur zèle religieux, résolurent de tenter la restauration du catholicisme, restauration que le docile Ferdinand II voulut réaliser plus tard. Au milieu de ces tendances réactionnaires, on put apprécier tous les avantages qui résultaient de la direction et de l'impulsion communiquées par un gouvernement monarchique ; et ils offrirent le plus frappant contraste avec la division régnant dans les rangs du protestantisme. Le mal que fit à l'unité du monde catholique la lutte des divers intérêts politiques en France servit la cause des Protestants en Allemagne, tandis qu'en Angleterre, pour soutenir la Réforme, ceux-ci durent faire appel à toute leur énergie démocratique. A cette époque critique où la réaction a atteint son apogée (première moitié du XVIIe siècle), nous pouvons distinguer trois périodes qui caractérisent fortement sa course finale. Cette époque revêt, à son commencement et à sa fin, un aspect différent en France, en Allemagne et en Angleterre. En France, à partir de Richelieu, elle enfanta le despotisme qui fut cause de la décadence du protestantisme et puis de sa disparition du pays. En Allemagne, au XVIe siècle, la papauté menaça pendant une guerre de trente ans les institutions représentatives de l'État et celles de l'Église et finit cependant par les rétablir et par se réconcilier avec elles. Enfin, en Angleterre, la réaction souleva contre les Stuarts toutes les sectes protestantes ; mais les Puritains, par un effort puissant en sens contraire parvinrent à effectuer un changement démocratique dans l'État et dans l'Église.

Le protestantisme ne fit en France qu'une courte apparition. Nous nous bornerons à examiner quel y fut son sort, nous proposant de voir tout à l'heure quelle fut la marche suivie par la Réforme en Allemagne. En France, les nouvelles doctrines, dès le principe, s'attaquèrent à l'absolutisme royal qui s'y trouvait mieux consolidé et depuis plus longtemps que partout ailleurs ; et François I, remarquant chez les Protestants une tendance « au renversement de toute monarchie divine et humaine » ne les vit qu'avec défiance. Aussi, lui et ses successeurs se servirent-ils pour les combattre des bûchers et du glaive. L'histoire des Protestants français, avant qu'ils ne formassent un parti politique, est celle des martyrs. Elle nous présente une suite d'horribles guerres civiles, et se termine après une longue paix par le martyre de la nouvelle Église elle-même. Ce fut encore la bigoterie monarchique qui concourut à amener ce résultat. On ne peut nier toutefois que le protestantisme, pendant les cinquante années durant lesquelles il combattit pour son existence, n'ait eu pour objet de porter un coup mortel aux grands intérêts nationaux de la France. Nous examinerons plus tard et en détail les grands dangers dont le calvinisme menaça l'unité de l'État, unité qui était le legs fait à la nation par plusieurs siècles de despotisme et qu'il n'était pas de son intérêt de détruire, parce qu'elle était d'accord avec les instincts du peuple. Aux prises avec les grands intérêts de l'État, il pendit de sa valeur intrinsèque et Henri IV apprit, mais d'une toute autre manière que Catherine de Médicis et Charles-Quint, à ne considérer la religion que comme un instrument destiné à servir ses entreprises. Il se vit obligé de céder devant la haine vouée par les corporations du royaume et par la ville de Paris en particulier aux tendances huguenotes des provinces, et le clergé protestant fut assez sage pour exhorter le roi à rentrer dans le giron de l'église romaine. Le calvinisme, à cause de son austérité s'était aliéné la noblesse. Il ne parvint à s'identifier qu'avec ce vertueux patriciat de la classe moyenne à laquelle il convenait mieux qu'à l'aristocratie de naissance qui ne tarda pas à retourner aux splendeurs de la cour. Alors il arriva, comme en Angleterre, qu'abandonné des classes élevées, il trouva un refuge dans les rangs du peuple ; et, ses principes démocratiques s'y étant sur le champ développés, les gouvernements furent saisis d'effroi. L'Édit de Nantes (1598) avait accordé aux Protestants le privilége de tenir des synodes ecclésiastiques et des assemblées séculières en tout temps et en tous lieux sans l'autorisation des autorités, ainsi que celui de recevoir les étrangers et d'envoyer des députés aux réunions qui avaient lieu dans les autres pays sans devoir obtenir de permission à cet effet. Il était de toute impossibilité qu'ils conservassent ces priviléges, plus considérables que ceux accordés aux catholiques eux-mêmes. Qu'ils eussent été pris ou qu'ils eussent été obtenus, ils produisirent bientôt dans le royaume la désunion et la défiance. Celle-ci augmenta encore à la mort du bon roi Henri, quand la cour engagea avec l'Espagne des rapports intimes et parut disposée à adopter une politique à l'égard des Protestants. Ces derniers formaient depuis longtemps une puissance isolée avec laquelle on traitait comme avec un État étranger. Ils avaient une place d'armes d'où ils pouvaient, par mer, tendre une main à l'Angleterre protestante, et tendre l'autre, par terre, au Palatinat. Déjà, au xvi* siècle, on avait mis le Palatin à la tête d'une ligue contre la France. Mais quel ne fut pas le danger qui menaça ce pays, quand, sous le règne de Louis XIII, le comte palatin fut sur le point de placer la couronne de Bohême sur sa tête, alors que l'étoile de l'Autriche commençait déjà à pâlir et que le trône impérial pouvait échoir à l'ambitieuse maison du Palatinat. Une heureuse révolution opérée en Bohême eût été pour les Protestants de France le signal d'un nouveau soulèvement qui n'aurait eu d'autre résultat que le retour de l'anarchie. Il ne faut donc pas s'étonner si Richelieu, quand il commença à gouverner Louis XIII et la France, dépeignit au roi les Protestants comme les ennemis les plus acharnés de son trône et du pays, et s'il employa la violence pour anéantir leur puissance politique, détruire leurs forteresses et briser leurs alliances avec l'étranger. Sans porter atteinte le moins du monde à leur religion, il ouvrit néanmoins la route à ce système gouvernemental qui les fit encore une fois chasser du pays sous le règne de Louis XIV.

En Allemagne, d'ordinaire, le peuple ne prit aucune part aux agitations religieuses ayant trait à l'État; et cependant l'esprit du calvinisme n'y démentit pas son caractère turbulent et dangereux; seulement il ne sortit guère de la sphère monarchique où il s'était implanté à cause du contact avec la France. Des traités de religion imparfaits n'avaient pu étouffer tout germe de discorde : à cette maxime de l'Église que ses biens, dont les évêques et les chapitres ne sont que les administrateurs, ne peuvent être aliénés, les Catholiques avaient ajouté la prétendue réserve ecclésiastique par laquelle tout évêque et tout prélat qui embrassait le protestantisme était censé renoncer à sa dignité. On écarta ainsi la tentation offerte aux princes spirituels de pouvoir, en se sécularisant, rendre leur autorité héréditaire. Mais cette réserve donna, par la suite matière à des contestations : le clergé catholique demanda restitution des biens dont il avait été frustré par le changement de religion de leurs détenteurs et les Protestants prirent les armes pour les conserver. Toutes ces difficultés se fussent aplanies si la maison palatine, dans sa politique guelfe, n'avait pas suscité à l'Autriche un conflit qui menaçait son existence ; et, cela précisément à l'époque où la noblesse protestante de France, par son attitude hostile à l'unité de l'État, engageait avec le pouvoir royal une lutte où son existence était en jeu. De tout temps, les comtes palatins s'étaient trouvés en relation avec les Huguenots français ; des liens de famille les unissaient même aux maisons de Stuart et d'Orange. Ils sympathisaient avec le zèle calviniste et avec tous les mouvements protestants qui se produisaient en Europe ; ils permettaient que leurs princes allassent les soutenir en France et dans les Pays-Bas, et formaient le dessein de créer une ligue puissante destinée à répandre le calvinisme. Comme chef de la faction protestante (1608), le Palatin jouait un grand rôle dans les vastes projets de Henri IV contre l'Autriche. Mais la mort de ce prince, quoiqu'elle eût enlevé aux Protestants leur principale espérance, ne changea rien à la position précaire de la maison d'Autriche (1618).

En effet, la désunion régnait parmi les princes autrichiens ; leurs États étaient menacés d'une révolution protestante ; la Bohême, en insurrection ouverte, offrait sa couronne au comte palatin, tandis qu'à la même époque un prétendant (1) leur disputait la Hongrie. C'était le moment pour le Palatin de mettre à exécution ce plan qui agitait les esprits les plus énergiques de l'Allemagne, même après la paix de Westphalie, et qui, de nos jours encore, produit un semblable effet. Il consistait à enlever l'Empire à la maison d'Autriche et à la priver de son royaume. Aussi Sully prédisait-il le plus triste avenir à cette maison si elle ne se hâtait de produire un empereur brave à la guerre et habile au conseil qui pût ramener l'unité dans ses États. Ferdinand n'était pas à la hauteur de sa tâche ; ses talents se bornaient à un esprit de ruse et d'intrigue qu'il avait hérité de Charles-

---

(1) Ce prétendant était Bethlem Gabor, aventurier qui se fit couronner roi de Hongrie en 1618. Battu par Tilly, il dut renoncer au titre de roi. Il mourut en 1529.

(Note du traducteur).

Quint. Il s'en servit tout d'abord pour exterminer la ligue protestante en profitant de l'irrésolution des Réformés, alors sans chefs, ainsi que des tiraillements et des jalousies existant entre la Saxe et le Palatinat, entre le luthéranisme et le calvinisme. Il triompha de chacun de ses ennemis ; mais, au lieu de se les concilier par la tolérance et de les attacher à l'Autriche en leur laissant la liberté, il suivit l'exemple de Charles et détruisit son propre ouvrage par l'intolérant et cruel usage qu'il fit de la victoire. Il supprima le protestantisme dans le Palatinat, en Bohême et en Autriche ; par l'édit de restitution de 1629 il refusa toute tolérance à la communion réformée et ordonna que les propriétés de l'Église confisquées depuis la paix fussent restituées. Il frappait ainsi des biens possédés depuis soixante ans et menaçait presque tous les princes de l'Empire de confisquer leurs revenus et leurs terres. C'était bien là prouver son intention d'extirper le protestantisme dont il avait associé la cause, comme Richelieu et les Stuarts, à celle de la rebellion et de l'anarchie. Afin d'obtenir l'unité de l'Empire et d'augmenter sa puissance, il ne se fit aucun scrupule de reprendre les vues et les expédients politiques de Charles-Quint. Il interrompit les réunions de la Diète, créa et déposa les princes impériaux, et se déclara revêtu d'une autorité illimitée, indépendant de la Diète et au-dessus des lois. Au bout de quelque temps, il eut frappé le pays de contributions bien plus fortes que celles que ses prédécesseurs eussent osé imposer cent ans auparavant ; et, non content d'enrôler des troupes espagnoles ainsi que l'avait fait son frère, il maintint encore, aux frais de l'Empire, une armée plus considérable que celles qu'on avait vues jusqu'alors. Il s'en servit pour garnir les places fortes, comme s'il avait été le maître absolu, et en donna le commandement à Wallenstein qui, de même que Stein, en 1815, eût volontiers mis fin au pouvoir des princes et des électeurs pour créer une seule monarchie. Ce fut là le premier coup porté à la fortune de l'Autriche ; ce lien étroit qui unissait l'Empereur au parti catholique fut rompu.

A la même époque eut lieu l'invasion suédoise : la Suède était alors le dernier pays protestant d'où l'on pût encore attendre du secours après la réaction catholique qui, peu de temps auparavant, avait essayé, mais en vain, de s'y produire. Plus tard l'influence puissante de la république anglaise s'opposa aux progrès de la réaction, précipita l'issue de la guerre en Allemagne, et amena des résultats favorables au protestantisme. La paix de Westphalie ratifia le traité d'Augsbourg et s'étendit aux Réformés ; on reconnut et augmenta le pouvoir souverain des États ; la puissance impériale fut amoindrie et la constitution de l'Empire tellement relâchée, qu'à partir de cette époque commença sa décomposition intérieure. Ce ne fut plus, comme sous le règne de Charles-Quint, le seul pouvoir de l'Allemagne qui produisit ce résultat : ce fut à ses dépens, cette fois, qu'elle obtint l'affaiblissement de l'Autriche ; car elle dut, pour y parvenir, augmenter la force et l'influence des étrangers qu'elle avait pris pour auxiliaires. L'Empire perdit plusieurs millions de sujets que se partagèrent la France et la Suède, et dut se résoudre en outre à abandonner la Suisse et les Pays-Bas. On reprocha à l'Empereur d'avoir laissé démembrer l'Empire (*Angustus ab angustando*, *non Augustus ab augendo*), et la méfiance destructive qui existait entre les États et l'Autriche augmenta à tel point, qu'ils ne purent se réconcilier malgré la haine profonde qu'ils avaient vouée également aux vainqueurs étrangers. Cet état de choses doit être regretté, si l'on songe à la possibilité d'un résultat favorable ; mais on le déplore moins quand on se souvient combien, à cette époque, les chances d'une solution plus fâcheuse étaient probables. Si la constitution fédérale de l'Empire et la tendance germanique au fractionnement, profondément enracinée dans le caractère de la nation, n'avaient pas alors trouvé d'appui, si l'épuisement résultant de luttes infructueuses n'avait pas contribué à préserver l'existence de la nouvelle religion, si enfin la rivalité de la France et de l'Autriche s'était réveillée, les succès de Louis XIV dans l'État et dans l'Église eussent engagé l'Autriche à essayer encore une fois d'établir sa domination politique et religieuse en Allemagne.

Par son intermédiaire, l'Allemagne eut subi l'influence despotique de la politique française et n'eût pas profité directement dans ses petits États des tendances libérales de la littérature française. Livrée à l'Autriche, elle fût devenue monarchique et, comme celle-ci, eût vu infailliblement tout progrès s'arrêter, car ce royaume ne présentait qu'un accès difficile aux idées nouvelles introduites par le xviiiᵉ siècle et qui promettaient à l'Allemagne de la rajeunir et de lui donner une nouvelle existence politique.

A la même époque eût lieu en Angleterre une réaction aussi

favorable au calvinisme que celle qui s'était produite en faveur du catholicisme en France et en Allemagne, depuis la mort d'Henri IV. Pour avoir adopté la Réforme, ce pays s'attira de la part des puissances catholiques de continuelles collisions qui n'eurent d'autre effet que de l'entraîner dans la route de sa grandeur. Sous le règne des Tudors, dont la puissance avait des racines dans la classe moyenne, l'Angleterre, comme tous les États germaniques, vit se développer paisiblement ses ressources intérieures. Mais la Réforme, qui ne dut son admission dans cette contrée qu'au sensualisme d'Henri VIII, amena par le divorce de ce monarque avec Catherine d'Aragon une rupture avec l'Espagne qui, depuis lors, au moyen d'intrigues et de projets de mariage, par la guerre et par la violence, ne cessa de tendre des embûches à l'Angleterre, ainsi qu'elle l'avait fait à l'égard de la France. L'animosité du Saint-Siége rivalisa avec celle des princes espagnols, et les papes, depuis Pie III jusqu'à Urbain VIII, ne négligèrent jamais de témoigner leur haine à l'Angleterre. La Réformation y conserva son caractère monarchique aussi longtemps que l'Espagne fut à craindre. Mais, dès le principe, la réforme royale avait rencontré une réforme populaire, qu'on avait violemment réprimée sous Henri VIII, qu'on essaya d'apaiser sous Édouard VI par quelques concessions en matière de dogme selon l'esprit de la doctrine luthérienne.

Quand la reine Marie eut rétabli le catholicisme, un grand nombre de Protestants se retirèrent en Allemagne et en Suisse, y adoptèrent les principes calvinistes; ils y provoquèrent une aversion générale pour le clergé fastueux et la liturgie pompeuse de leur patrie, et, lorsque le protestantisme reparut avec la reine Élisabeth, ces mots : « la réforme de la Réformation » étaient devenus pour beaucoup d'individus un cri de ralliement. Knox convertit l'Écosse au calvinisme; et, grâce aux sympathies qu'ils excitèrent, les principes puritains et presbytériens purent s'introduire en Angleterre où ils prirent la place qu'y occupaient auparavant les opinions luthériennes. Les commerçants et les petits propriétaires leur firent surtout un accueil favorable, et ici encore ces principes entraînèrent à leur suite des idées démocratiques en matière politique. Les Puritains qui visaient à un but dont la réalisation ne pouvait être obtenue que dans un avenir encore bien éloigné, avaient amené de Genève le zèle théocratique de l'Ancien-Testament. Exaspérés des souffrances qu'ils avaient endurées, ils avaient fini par quitter le pays. Hostiles à la pompe de l'Église, ils le furent aussi à celle des cours ; l'aversion que leur inspirait la conformité imposée par l'État, ils la reportèrent sur l'État lui-même, et la haine qu'ils ressentaient pour le pape, ils la vouèrent au souverain, chef de l'église anglicane. Ils voulaient remplacer par le gouvernement populaire des synodes et des parlements la domination monarchique des évêques et des rois : de monarchistes ils étaient devenus républicains. Tant qu'Élisabeth vécut, ils se tinrent tranquilles par considération pour une princesse qui avait souffert avec eux quand le catholicisme dominait, qui avait sauvé l'État du joug de la papauté et de l'Espagne, et qui, d'accord avec Henri IV, lequel l'appelait *son autre lui-même*, avait soutenu la cause de la Réforme et de la liberté dans les Pays-Bas. Cependant, de même que les princes du continent, la reine partageait à l'égard de cette secte religieuse et politique une aversion instinctive, aversion qui, chez les Stuarts, exista au plus haut degré. L'église anglicane ne se sentit réellement indépendante de Rome que sous le règne de Jacques Ier et lutta avec le pouvoir royal pour faire sentir aux Puritains sa supériorité. Les évêques attribuaient à l'épiscopat, comme les monarques à la royauté, une origine divine, et prétendaient, comme le souverain, n'être responsables que devant Dieu. Cette doctrine qui se jouait des traités et des serments, fut un aussi grand sujet d'horreur pour les Puritains que l'alliance entre le roi et l'église dominante qu'ils qualifiaient de « déesse d'Ephèse. » Aussi, vit-on marcher de pair, sous Charles Ier, l'absolutisme de l'Église et le despotisme de l'État, la violence d'un archevêque (Laud), et celle d'un ministre (Strafford) ; les persécutions du pouvoir ecclésiastique ainsi que du pouvoir séculier et l'arbitraire de leurs tribunaux. Le roi suspendit les parlements comme l'empereur d'Allemagne avait suspendu la Diète ; il viola les lois, celles même qu'il avait faites, avec autant d'insousiance que Ferdinand en Autriche, et inaugura par l'impôt maritime un système de contributions injustes, à l'exemple encore de l'Empereur qui, pour fixer les impôts, assemblait les États sans tenir compte de la Diète. Ces deux monarques tachèrent toujours d'avoir sur pied une armée qui fût prête à réprimer la moindre tentative de résistance. En Angleterre, comme en Allemagne (l'édit de restitution), les premiers coups portés à la religion furent le signal de la révolte. Après avoir anéanti les dissidents anglais, Laud allait introduire la liturgie en Écosse et attaquer ainsi le boulevard du calvinisme; mais ses projets firent éclater une insurrection dans ce pays et rencontrèrent la plus vive opposition au sein du parlement qu'on avait été obligé de convoquer. A cette époque, le parti républicain se tenait encore à l'arrière-plan et les Presbytériens modérés dominaient dans le parlement. Si donc la couronne avait continué à faire des concessions, le pays aurait pu sans révolution ou sans réaction obtenir une réforme dans l'État et dans l'Église. On abolit les tribunaux arbitraires, on garantit le droit d'*habeas corpus* et on exigea pour la fixation des impôts la sanction du parlement. Les lois forestières furent améliorées, les priviléges de la féodalité normande supprimés, les derniers vestiges du joug des étrangers et de la conquête effacés. Le sol enfin recouvra sa liberté.

Des changements avaient lieu simultanément dans l'Église. L'Écosse redevint ce qu'elle avait été autrefois, et une constitution, assez semblable à celle qui existe encore aujourd'hui dans ce pays, fut introduite en Angleterre. L'assemblée des synodes remplaça la réunion des évêques, et l'on adopta la liturgie presbytérienne. De telles réformes ne pouvaient aisément s'effectuer : il s'ensuivit une nouvelle rupture entre le roi et le parlement. Le parti républicain balaya le parti modéré; et, quand l'Autriche succomba en Allemagne, quand Richelieu, ce ferme soutien de l'absolutisme monarchique en France, vint à mourir, la réaction qui se produisit en Europe (1642) dans le sens catholique et absolutiste se vit menacée dans ce pays d'un violent contre-coup.

Maintenant paraissait être arrivée en Angleterre l'époque du développement de la démocratie, époque pendant laquelle devait se réaliser l'idéal de l'anabaptisme, c'est-à-dire le règne de la raison dans l'Église et dans l'État. Les imaginations ardentes, qui étaient en grand nombre, se figuraient que toutes les nations de la terre, des colonnes d'Hercule à l'Océan indien, allaient se lever pour reconquérir leur liberté perdue. Ils croyaient que les habitants de leur île allaient, nouveaux Triptolèmes, parcourir le monde pour lui faire connaître une plante nouvelle, mais une plante plus généreuse et plus noble que celle dont le favori de Cérès enseigna la culture aux hommes, savoir la liberté. — Le peuple, voyant son roi ne respecter aucune loi, fît peser sur lui la plus lourde responsabilité; et Milton, dont la piété était si sincère et la nature si loyale, osa fièrement justifier cette conduite. La République fut adoptée, mais le patronage monarchique de Cromwell et sa tyrannie militaire l'empêchèrent d'avoir quelque durée. Pour qui veut s'initier aux tendances naturelles des peuples germaniques et à la formation de leurs États, il est extrêmement important de voir ce que voulaient faire de la nouvelle république et ce qu'ils en auraient fait si son existence avait été plus longue, et les vrais républicains nourris des traditions de l'antiquité et ces niveleurs fanatiques sortis du peuple. Parmi ces vrais républicains se trouvait Milton, qui avait adopté à l'égard de l'Angleterre des vues semblables à celles que ces apôtres errants de la liberté avaient désespéré d'introduire dans des institutions six fois séculaires et qu'ils ne parvinrent à réaliser qu'en Amérique. « La Rome de l'Ouest » devait, selon lui, donner au monde l'exemple d'une république plus puissante que celle des Pays-Bas, et la chose était d'autant plus facile à réaliser que, à la mort de Cromwell, il ne se trouvait pas de maison d'Orange qui pût la menacer d'une monarchie. On devait dans cette nouvelle république appliquer le principe de l'égalité chrétienne, abolir toute distinction de rang ; le mérite l'aurait emporté sur les priviléges ; on aurait mis fin à l'excessive accumulation des propriétés immobilières, résultat du système territorial établi par les Normands et qui nécessitait pour se maintenir le joug d'une loi agraire ; et l'on aurait adouci les lois concernant les baux. Conformément à la proposition des Anabaptistes, on aurait pourvu aux besoins du peuple au moyen des manufactures et du commerce, au moyen d'un code maritime, d'un code forestier et d'un code rural conçus sur des bases plus libérales. Pour prévenir les inconvénients résultant de l'éloignement des tribunaux, on aurait admis le principe de la juridiction communale et comtale. On aurait placé à la tête de l'État un Sénat dont les membres pris dans le parlement auraient été élus à vie ou soumis à une réélection périodique ; et les représentants des comtés auraient pu, à la majorité des voix, faire opposition aux décrets de cette assemblée sans avoir, comme en Hollande, le droit de s'y opposer individuellement. L'État n'eût pas été comme dans les Pays-Bas la fédération de plusieurs souverainetés dans une seule république, mais celle de plusieurs républiques sous une seule souveraineté ; et, de cette combinaison de l'indépendance des provinces avec un pouvoir central, il serait résulté ici une confédération semblable à celle des États germaniques, qui eût été un milieu, une sorte de transition entre ce qui existait alors dans les Pays-Bas et ce qui exista plus tard en Amérique. L'organisation de l'Église eût répondu à celle de l'État : plus de haut clergé, plus de bas clergé. Les serviteurs du culte élus et salariés par la communauté n'eussent reçu ni ordination de l'Église ni appointements de l'État. On voulait une religion libre de toutes croyances et de toutes formules. Les non conformistes qui désiraient vivre selon la parole de Dieu, telle que leur conscience leur permettait de la comprendre, devaient être tolérés. On souhaitait la division des sectes sans la craindre le moins du monde. En religion, on prenait pour guide la vérité naturelle et, en politique, la liberté naturelle. Milton, comme d'autres penseurs calvinistes, devinait les principes fondamentaux de la future constitution américaine, lorsqu'il proclamait que la liberté n'est pas l'ensemble de droits acquis appartenant à certaines classes et à certaines corporations, mais un droit naturel de l'homme. Il qualifia de marchands d'esclaves les hommes qui, comme Saumaise (1), défendaient l'absolutisme en soutenant qu'un peuple ou que des individus peuvent valablement aliéner leurs droits à la liberté.

Une pareille constitution pouvait bien exister dans l'imagination d'un grand philosophe, mais, dans la réalité, elle était alors inapplicable, à cause de l'état peu avancé de la civilisation et surtout à cause de la grande stabilité des institutions depuis si longtemps établies et éprouvées de l'Angleterre. Elle était inapplicable, avons-nous dit, à cause de la civilisation peu avancée de l'époque : et, en effet, sur le sol vierge de l'Amérique même, où certes on ne devait pas rencontrer les mêmes inconvénients que dans un pays usé, si les Puritains ne purent davantage réussir à mettre immédiatement et complétement en pratique toutes leurs théories sur l'État et sur la religion, c'est qu'il leur manquait l'expérience politique et une cul-

---

(1) Claude de Saumaise (*Salmasius*), savant et philologue distingué; il embrassa la Réforme et professa en Hollande. Son *Apologie de Charles Ier* l'engagea dans une vive polémique avec Milton, qui lui répondit par ses deux *défenses du peuple anglais*.

(*Note du traducteur*).

ture intellectuelle suffisante. Cette constitution devait échouer aussi et surtout à cause de l'attachement du peuple entier aux anciennes institutions. Les républicains ne formaient qu'une petite minorité; la noblesse et le clergé avaient d'excellentes raisons pour se croire autorisés à attendre leur restauration, dans un pays où les inégalités sociales s'identifiant avec de salutaires institutions étaient devenues chères au peuple; et les commerçants ne croyaient leurs intérêts réellement en sûreté que sous la monarchie. L'armée seule soutenait donc la république; et l'État, malgré l'absence de toute organisation solide, parvint néanmoins à se maintenir, grâce à Cromwell, dont le bras puissant le protégeait à l'extérieur par les armes, à l'intérieur par la justice. L'Église était également dans une situation précaire, depuis que la volonté arbitraire du Protecteur contrebalançait celle de la Communauté. Mais Cromwell lui-même ne se sentait pas à l'aise de cette omnipotence qu'il tenait de l'armée, et rien ne caractérise mieux que ce fait, la nature des races germaniques. En effet, dans les États romans, la moindre commotion produisit des usurpateurs militaires; chez les nations germaniques, au contraire, lors des plus grands bouleversements, quand l'on ne parvint pas à empêcher leur apparition, on affaiblit au moins leur influence ou bien l'on secoua leur joug. Jamais la Suisse, étant essentiellement militaire, n'a été témoin de pareilles usurpations. Les Pays-Bas, malgré leurs guerres perpétuelles, ont réussi à maintenir dans de justes limites le pouvoir des héros de la maison d'Orange. L'Autriche et la Prusse enfin, ces royaumes militaires, ne se sont jamais soumises à un chef militaire, et l'Allemagne n'eût pas plus toléré un Wallenstein que l'Amérique n'eût souffert un empereur dans Washington. Aussi Cromwell, auquel était échu le grand rôle qu'avait joué César, fit-il tous ses efforts pour revenir aux institutions parlementaires; il eut volontiers rétabli la monarchie, mais en limitant son pouvoir. La république étant en Angleterre un fait aussi anormal que le despotisme militaire, le peuple se précipita dans un mouvement réactionnaire vers la monarchie et l'église dominante avec une telle violence, que l'Écosse elle-même s'y trouva entraînée. C'était pour la seconde fois que l'Angleterre devait boire jusqu'à la lie le calice amer d'une réaction. Gagné par Louis XIV, Jacques II ne s'était pas seulement proposé de donner à l'Église et à l'État une jouissance absolue, mais animé du même esprit d'imprévoyance que le roi de

France, il voulut encore restaurer le catholicisme en Angleterre et fit subir aux non conformistes dans ce pays ainsi qu'en Écosse les plus terribles persécutions. Par une politique digne de celle des Bourbons, on tenta, après la révocation de l'Édit de Nantes, d'entraîner la secte persécutée, encore sous l'impression de la colère, dans une ligue avec les Catholiques contre l'église dominante, pendant qu'à la même époque une déclaration d'indulgence générale (1) et l'abolition du serment du *Test* faisaient faire un pas décisif à la restauration du catholicisme. On livra aux Catholiques les établissements protestants de l'Irlande dans le but de former une puissance avec laquelle on voulait renverser la constitution politique et religieuse de l'Angleterre, ainsi que celle des colonies. Avant la naissance de son fils, et à l'occasion d'une succession protestante, Jacques eut la coupable pensée de s'emparer de l'Irlande et de la placer sous la protection de Louis XIV. Mais les bons instincts du peuple, chez lequel le protestantisme et l'amour de la liberté s'étaient plus profondément enracinés qu'en Autriche et en France, se montrèrent encore en cette occurrence. Tous les rangs et tous les partis se tournèrent contre Jacques, et Guillaume d'Orange appelé par les premiers de la nation parvint sans peine à renverser la dangereuse dynastie. Personne cependant, même après ces événements, ne s'éleva contre la royauté, quoique celui qui l'avait restaurée ne fût que le président d'une république. Bien que Guillaume ne fût calviniste, personne ne voulut d'autre intervention que la sienne dans l'église dominante. Personne ne désirait revenir à la république, quoique l'on eût pu être aidé à la reconquérir par un État indépendant dont la renommée surpassait alors celle des plus brillantes monarchies. Plus que jamais, au contraire, la constitution rétablie et épurée conserva son caractère essentiellement aristocratique. C'était là une conséquence naturelle des événements de cette époque où, par suite des grandes réactions politiques et religieuses, dans tous les royaumes, depuis l'Espagne jusqu'à la Pologne et à la Suède, la noblesse avait pris une nouvelle physionomie et retrouvé à peu près son ancienne position. La chose se comprend encore mieux en Angleterre où le clergé et la noblesse avaient réellement le mérite

(1) Voyez Hume, *Histoire d'Angleterre,* règne de Jacques II, ch. 33.
(*Note du traducteur*).

d'avoir opéré cette seconde révolution. Du reste, ces deux ordres n'abusèrent pas de leur influence pour créer une constitution qui aurait favorisé leurs vues oligarchiques ou leurs intérêts personnels. L'Angleterre offrait alors l'idéal de la constitution mixte des temps modernes qui, d'après l'avis même de Pitt, l'un de ses hommes d'État les plus célèbres, n'a tant de valeur, que parce qu'elle contient les divers avantages que peuvent offrir la monarchie, l'aristocratie et la démocratie, et qu'elle a évité, en même temps, tous leurs inconvénients.

Dans la constitution américaine se trouva complétement atteint le but des systèmes politiques et religieux conçus en Allemagne dans les commencements de la Réforme par des esprits qui devançaient leur époque. En Angleterre on chercha aussi à atteindre ce but, mais on prit pour y parvenir un chemin tout différent, en ne conservant parmi les institutions alors existantes que celles dont on avait ressenti les bienfaits. Chez les Anglais et chez les Américains les deux constitutions fonctionnent avec succès ; prospérité, puissance, liberté, tels sont les avantages qui les rendent si précieuses à ces deux peuples et si célèbres dans le monde entier. La constitution anglaise ne s'est pas faite d'après un plan conçu d'avance ni d'une manière uniforme ; mais ceux qui ont contribué à son achèvement ont été assez habiles pour pouvoir accorder ses divers éléments, en les faisant concourir à un même but. Elle est l'ouvrage de plusieurs siècles, mais travail et matériaux ont toujours été de premier choix. De tous les États modernes, pas un qui ait une histoire aussi régulière que celle de l'Angleterre ; nulle part les diverses phases du développement d'un État n'y sont aussi nettement et aussi distinctement marquées ; nulle part les anciennes institutions germaniques en vigueur à l'époque des rois patriarches ne sont aussi parfaites que chez les Anglo-Saxons ; aucune nation qui ait, comme celle-ci, à une époque où elle commençait seulement à se former, légué aux siècles postérieurs des recueils de lois et des trésors littéraires aussi riches. Pas de pays où le système féodal se soit montré aussi parfaitement organisé dès son origine et aussi solidement établi à cause de sa durée, que le système féodal normand en Angleterre ; pas d'aristocratie qui ait fait preuve d'autant d'habileté politique que l'aristocratie anglaise. Nulle part l'absolutisme royal ne s'est moins fait sentir à l'intérieur comme à l'extérieur ; nulle part ses abus n'ont été moins nombreux. Nulle part enfin la bourgeoisie n'a autant contribué à la force de l'État, n'a acquis autant d'influence politique. Aussi, en 1688, lorsque la constitution fut revisée et affermie, personne ne songea à élaguer ou à amoindrir un seul de ces éléments, qui tous avaient montré leur action efficace. On crut rendre l'État d'autant plus inébranlable, qu'on lui conservait plus de forces éprouvées. La bourgeoisie laissa à la noblesse ses grandes possessions territoriales, qu'une république aurait divisées en faisant une loi agraire. Elle sentit que sa sécurité ne résidait que dans l'industrie, au développement de laquelle elle était surtout poussée parce que la plus grande partie du sol se trouvait entre les mains des nobles. Ceux-ci laissèrent à la bourgeoisie sa richesse mobilière, à l'État le soin de protéger son industrie, et ne firent aucune opposition à l'influence qu'elle acquérait tous les jours dans la Chambre des Communes ; car, sachant combien leurs impôts et leur crédit étaient indispensable à l'État, leur influence politique ne pouvait leur causer d'inquiétude.

Ces deux classes, qui n'étaient pas séparées par les préjugés de la naissance, mais unies entre elles au contraire par les liens de famille, qui n'étaient pas opposées l'une à l'autre à cause de leurs intérêts politiques, mais qui naturellement formaient chacun un corps distinct puisqu'elles reposaient sur deux principes politiques différents, ces deux classes furent unanimes à reconnaître la nécessité d'un pouvoir unique placé à la tête des trois états réunis, dépourvus alors de législation commune, et elles conservèrent la monarchie, tout en restreignant quelque peu la puissance royale. La royauté, de son côté, en recevant le trône des mains du parlement, renonça à la fable qui lui donnait une origine divine en prêtant à son pouvoir un caractère particulier qui l'élevait au-dessus de tous les autres ; le pouvoir royal, celui des nobles et celui des communes reposant chacun sur un droit acquis et conditionnel quoique reconnu, pour chacun de ces trois ordres le droit des deux autres n'est que la confirmation du sien. On était donc resté fidèle au caractère des temps passés pendant lesquels les révolutions n'avaient eu d'autre but que la défense ou le rétablissement d'anciens priviléges. Cet équilibre des grands pouvoirs de l'État, même la fermeté de caractère et la politique de ceux qui se trouvent en leur possession dépend uniquement de l'égalité de leurs droits ; une position bien nettement dessinée les préserve de cette décadence qui se produit, comme le fait observer Aristote, chaque fois que les pouvoirs de l'État sont entre les mains d'un parti ou d'individus qui ne s'en servent que dans un intérêt d'ambition personnelle. C'est dans cette « constitution mixte » que l'on voit figurer côte-à-côte les diverses classes de la nation possédant chacune des priviléges particuliers ; et la fusion des éléments qui la composent a été si complète, que l'histoire n'a pas hésité à proclamer cet État comme son chef-d'œuvre. Une constitution qui a pu résister à tous les orages, sans qu'elle ait vu se détacher un seul de ses éléments essentiels ; une constitution qui a su avec une sagesse merveilleuse approprier les institutions anciennes aux besoins nouveaux, une telle constitution est l'indice certain du développement le plus naturel et le plus parfait d'un État constitutionnel. Les uns n'y verront que le perfectionnement de l'ancienne constitution des Anglo-Saxons ; d'autres, que la mise en pratique du système de division des classes en vigueur au moyen âge, système que nous retrouvons encore de nos jours dans les mœurs, dans la société comme dans la constitution. Ces divers ordres et pouvoirs, ayant chacun leurs intérêts propres, ressemblent à de grands blocs de pierre donnant à l'édifice de l'État une grande solidité, et l'on ne saurait dire auquel il emprunte son caractère, sa forme et son nom. A voir l'unité du gouvernement, le veto appartenant au roi, la force et la puissance des relations extérieures, on se croirait dans un État monarchique ; d'autre part, en présence d'une Église dont le chef est roi et pape à la fois, d'une Église qui cherche à donner aux croyances une unité nationale, au lieu d'une unité universelle comme le prétend le catholicisme, on ne saurait méconnaître l'existence d'un élément théocratique. Examinant ensuite l'esprit de la nation, la nature conservatrice de sa politique, le caractère de ses gouvernants, de son droit, de ses coutumes, de ses mœurs, de ses représentants, il nous semble que l'État soit essentiellement aristocratique. Mais réfléchissant aussitôt qu'aux communes seules appartient le privilége de fixer le montant des impôts, nous sommes portés à attribuer toute la puissance à la bourgeoisie ; enfin, à voir en détail les institutions et les relations sociales, l'activité et l'indépendance de la vie privée, l'absence de bureaucratie, de centralisation dans l'administration, le *self-government*, la liberté de l'individu et de la propriété, l'organisation des moyens de défense du pays, la liberté d'association, la liberté de la presse, tout chez le peuple anglais respire la démocratie. Rien de plus démocratique que la souveraine puissance attribuée à la législature, qu'un peuple maintenant sa souveraineté en transférant la couronne par son parlement. Et cependant il n'est pas de nation qui parle moins de souveraineté du peuple et qui soit plus monarchiste, pas d'État qui repose davantage sur d'anciennes traditions, pas de peuple qui soit plus attaché à une aristocratie conservatrice. Aussi est-ce avec un bien légitime orgueil que l'Anglais se vante de posséder une constitution ouverte à tout progrès, sensible aux influences de toutes les grandes idées, et se prêtant à tout essai, à toute exigence. Personne n'est plus jaloux que lui de la protection accordée à sa personne et à ses biens contre les usurpations de l'État. Et cependant il est peu d'États modernes plus exactement calqués sur ceux de l'antiquité, pendant laquelle l'individu vivait pour l'État et lui sacrifiait sa volonté et ses intérêts privés. De là, le caractère exclusif, étroit, égoïste et essentiellement national du peuple anglais, de sa politique et de sa constitution. Néanmoins peu de peuples ont montré plus d'égards, plus de générosité envers les nations étrangères, même après les avoir vaincues. L'habileté avec laquelle on a su mettre toutes ces contradictions d'accord, cette variété dans l'unité, cette combinaison harmonieuse de tant d'éléments divers, résultant de l'heureuse conformité des institutions avec l'État et avec le caractère du peuple, font tout le prix de la constitution anglaise, sont la source de sa puissance et le gage de sa liberté. Cette nature composée nous explique comme quoi, en théorie, il est difficile de comprendre et d'apprécier cet État et ses institutions ; elle nous explique aussi comment cette constitution est toujours restée originale malgré les nombreuses imitations qu'on en a faites. Elle n'est donc pas applicable à un peuple quelconque ; mais elle peut servir plutôt de guide à une nation qui, animée du même patriotisme que la nation anglaise et faisant le même usage de ses anciennes et de ses nouvelles institutions, voudrait se donner, conformément à sa nature et à son caractère particulier, une constitution laquelle pourra peut-être se trouver aussi parfaite que celle de l'Angleterre, mais ne lui ressemblera jamais par la forme.

Déjà sous le premier Stuart, l'émigration avait commencé à attirer l'attention de la démocratie anglaise: celle-ci espérait pouvoir édifier sur le sol indépendant de l'Amérique, loin des privilèges, des coutumes et de la puissance de la monarchie et de l'aristocratie, un nouvel État et une nouvelle Église conformes à la simplicité de ses principes. Peu de temps après que l'Espagne eût perdu en Europe son influence par des défaites successives dans ses guerres contre l'Allemagne, les Pays-Bas et l'Angleterre, des peuples de race germanique vinrent s'établir dans le nord de l'Amérique, bien décidés à empêcher l'Espagne et l'Église catholique de régner seule sur le Nouveau-Monde. Le contraste singulier des nations germaniques avec les nations romanes dans leurs mœurs et dans leur caractère ne se présenta jamais d'une manière aussi frappante que sur le nouveau théâtre qui venait de s'offrir à elles. Dans les vastes contrées colonisées par les Espagnols et les Portugais, l'esprit du moyen âge se montrait dans sa première barbarie et présentait le désolant spectacle de peuples dégradés par son contact. On y voyait le despotisme espagnol avec son intolérance religieuse; un clergé cachant sa grossièreté sous des dehors pompeux. Ensuite venait une aristocratie féodale, avide de conquêtes, cupide et inhumaine. Pas d'activité commerciale, pas de mouvement intellectuel; une vaste unité religieuse et politique s'étendait sur cette nouvelle partie du monde : les Indiens et les Nègres même y avaient été soumis. Le Nord présentait un aspect bien différent : depuis le commencement du XVIIe siècle y avaient émigré principalement des peuples d'origine germanique, des Allemands, des Hollandais, des Suédois et des Anglais, ces derniers appartenant surtout à la race anglo-saxonne. C'étaient pour la plupart d'austères Protestants, presque tous Puritains ou Quakers. Ils ne voulaient ni vice-roi, ni institutions monarchiques, l'esprit républicain au contraire les animait tous, et ceux qui avaient émigré sans l'autorisation royale, et ceux même qui étaient arrivés avec des lettres de franchise et des gouverneurs. Jamais on ne sentit ici l'influence du clergé; le noble anglais et le patricien flamand n'essayèrent pas longtemps à y transplanter leurs institutions : usages féodaux, mainmorte, tout ce qui rappelait le moyen âge, resta derrière eux. Une ère nouvelle naquit, amenant avec elle le progrès intellectuel, l'industrie, le commerce et l'égalité des droits. Les diverses phases de la vie d'une nation, qui, dans d'autres pays, ne se succèdent que dans l'espace de plusieurs siècles, et que nous présentent le peuple s'adonnant d'abord à la chasse, puis à la vie pastorale, à l'agriculture, enfin à l'industrie, apparurent simultanément ici depuis l'époque de l'indépendance. Les émigrants avaient trop de l'esprit réservé et exclusif des Protestants d'origine germanique pour établir des rapports avec les Indiens qu'ils regardaient à peine comme des hommes, mais ils eurent la bonne fois d'acheter aux indigènes le sol propre à la culture, au lieu de le regarder, ainsi que les colons du Sud, comme une concession du pape. L'uniformité que les Espagnols avaient réussi à donner à leur domination contrastait singulièrement avec le monde varié et innombrable de petits États qui s'étaient formés dans le Nord ; ce contraste de l'Amérique septentrionale avec l'Amérique méridionale était la conséquence naturelle de la situation de ces deux contrées à l'époque de l'émigration des Européens. Les Espagnols, qui avaient laissé en Europe un grand et puissant empire, se trouvèrent au Mexique et au Pérou en présence de vastes États indiens et de princes puissants : il leur fallut donc nécessairement pour maintenir leur autorité établir un vaste État dans ces régions. Dans le Nord, au contraire, les Anglais, abordèrent par bandes séparées et ne rencontrèrent que de petites tribus indiennes disséminées, sans rapports entre elles, peu nombreuses et n'ayant presqu'aucun pouvoir ; ils purent donc en toute liberté suivre leurs tendances germaniques au fractionnement et à l'établissement en petites communautés. Dans le Massachusetts on fonda une théocratie sur le modèle de celle de Genève ; une principauté féodale se forma dans le Maryland ; une gouvernement de huit seigneuries avec une grande aristocratie foncière, dans la Caroline ; dans la Virginie, une province anglaise avec les institutions de l'église anglicane ; dans l'île de Rhode-Island et le Connecticut une démocratie ; dans la Pennsylvanie une république cosmopolite de Quakers, qui, dès le principe, offrit un asile au monde ; enfin, dans la Nouvelle-Amsterdam (New-York) une cité flamande avec un gouvernement municipal. — L'histoire de l'Angleterre fut aussi, en général, celle de ces États. Ils attirèrent peu les regards dans les commencements et créèrent librement leurs constitutions, selon que les circonstances l'exigeaient. Tant que dura la République en Angleterre, l'esprit démocratique y régna en toute sécurité ; mais quand arriva la Restauration, leurs chartes, leurs libertés, leur indépendance gouvernementale et leurs propriétés eurent beaucoup à souffrir et coururent de grands dangers. Après 1688 chaque État reprit ses anciennes institutions. Chose étonnante, au milieu de toutes ces vicissitudes, le mouvement de la liberté et le progrès des idées démocratiques ne fut jamais interrompu ; et ce qui explique ce fait, c'est que les influences du clergé et de l'aristocratie, ces deux puissances hostiles à tout progrès dans l'Église et dans l'État, ne les atteignirent jamais de l'Europe. Quant à la monarchie, elle ne trouva en aucun temps ni l'opportunité, ni l'occasion de s'y faire désirer, et, déjà au commencement du xviiie siècle, pour tout observateur consciencieux, il était hors de doute que les colons ne s'y soumettraient qu'aussi longtemps qu'elle leur serait indispensable pour consolider leur indépendance. Alors, fut définitivement établie, par l'habitude, et après des luttes nombreuses, la démocratie, dont les principes se trouvaient enracinés dans le cœur des premiers émigrants. C'était au nom de ces mêmes principes que les Puritains avaient fui l'Europe et sa tyrannie politique et religieuse. En se réfugiant en Amérique, ils étaient bien décidés à ne pas admettre les prétentions de la mère-patrie, invoquant un droit de découverte sur des terres qu'ils avaient achetées. Ils étaient résolus, tout en entretenant, à l'exemple des colonies grecques, des rapports avec la métropole, à repousser toute intervention du dehors, soit politique, soit religieuse, et toute législation, œuvre d'un parlement siégeant au delà des mers et où ils ne pouvaient se faire représenter ; ils étaient résolus enfin à refuser à des autorités lointaines toute compétence sur leur juridiction.

En 1646, les Massachusetts considéraient leurs relations avec l'Angleterre au même point de vue que les villes hanséatiques considéraient les leurs avec l'empire d'Allemagne, et cet esprit d'indépendance acquit une extension proportionnée au nombre et au pouvoir sans cesse augmentant des colons. Ces principes démocratiques qui avaient fait de si rapides progrès dans l'État, s'introduisirent aussi dans l'Église, mais leurs progrès y furent plus lents et plus difficiles. En matière politique, ce fut la force des choses qui seule décida du succès de la démocratie ; en matière religieuse, ce fut le degré de civilisation. Dès l'origine, il est vrai, dans quelques états, tels que la Caroline, New-York et le Maryland, toutes les religions furent tolérées, sous le gouvernement du philanthrope lord Baltimore; mais tous les cultes cependant ne jouirent pas des mêmes avantages.

Dans la Virginie on favorisait surtout l'église anglicane, et même dans l'état puritain des Massachusetts, l'intolérance des Calvinistes excluait toute autre secte et condamnait à l'exil et à la mort les Anabaptistes et les Quakers. Ce fut dans ces circonstances, et au moment où ceux-ci allaient quitter ces lieux de persécution, que leur ministre Robinson leur rappela dans une solennelle allocution les principes démocratiques du protestantisme, les exhortant à ne pas s'en tenir exclusivement à ce qu'avaient dit Calvin et Luther, qui, quelque grands qu'ils fussent, n'avaient pu discerner toutes les voies du Seigneur et qui, à cette heure même, pouvaient encore être remplis de la lumière d'en haut ; à admettre enfin comme un précepte de leur église de se montrer accessibles à toute vérité.

Conformément à ces principes, Roger Williams fit tous ses efforts pour faire triompher dans les Massachusetts la liberté de conscience et la séparation de l'Église et de l'État. Mais, forcé de quitter le pays, il fonda, en 1636, dans l'île de Rhode-Island, une petite société ayant pour fondements la liberté de conscience et le pouvoir absolu de la majorité dans les affaires séculières. Telles furent aussi les bases de la constitution du Connecticut ; et ce fut ainsi que bien avant qu'elles ne fussent enseignées dans les écoles philosophiques de l'Europe, ces théories sur la liberté politique et la liberté religieuse avaient trouvé leur application dans un tout petit État. L'on prédisait alors une bien courte durée à tous ces essais de la démocratie pour obtenir l'éligibilité et le suffrage universels, le renouvellement annuel de la magistrature, la liberté des cultes et le droit au schisme que proclamait Milton. Et ces institutions ne se sont pas seulement maintenues dans ces petits États, elles se sont encore étendues dans l'Union tout entière. Elles ont triomphé des tentatives de l'aristocratie dans la Caroline et dans l'état de New-York, du parti anglican dans la Virginie, de la théocratie dans les Massachusetts, de la monarchie enfin dans l'Amérique entière. Elles ont régi toute une partie du monde, et leur influence si redoutable est la cause ordinaire de tous les mouvements démocratiques qui agitent l'Europe.

Nous nous réservons de raconter plus tard, quand nous traiterons d'autres événements, l'histoire de la séparation des colonies anglaises. Nous nous bornerons ici à esquisser le caractère de la constitution qu'elles se sont donnée dans la suite, en la comparant avec celui de la constitution anglaise, dans le but de pouvoir parcourir d'un seul coup d'œil l'histoire de la liberté chez les différentes nations d'origine germanique.

La constitution des États-Unis, saxonne et démocratique, est devenue l'antithèse complète de la constitution saxonne-normande de l'Angleterre. Lors de leur première émigration en Amérique, les Puritains apportèrent avec eux le plan plus ou moins arrêté de leur constitution, et essayèrent autant que possible de le mettre à exécution. Après la déclaration de l'*indépendance*, ils y mirent la dernière main, et érigèrent un monument qui ne fut que la réalisation de leur pensée première.

Ni l'antiquité, ni l'histoire, ni les traditions, ni l'expérience ne leur offraient de modèle à suivre, ne les assujettissaient à se servir de matériaux déjà existants. Ils laissèrent à l'Europe son clergé et son aristocratie, à l'Angleterre sa monarchie et son parlement. Guidés seulement par leurs instincts naturels, ou par les préceptes les plus simples de la raison, refusant de prendre pour modèle tout système de gouvernement déjà pratiqué, ils achevèrent dans leur état naissant l'édifice d'une constitution nouvelle. Ce fut avec une prudence admirable qu'ils en essayèrent l'application sur une échelle immense, en dépit des prophéties qui, à ses commencements, ne lui promettaient qu'une existence éphémère. Il ne s'agissait pas ici de mettre en contact des classes diverses et d'assurer à chacune des droits particuliers.

Quand la révolution éclata, les Américains se retranchèrent d'abord, il est vrai, derrière leurs lettres de franchise et les institutions qu'ils s'étaient données eux-mêmes, et cherchèrent à les défendre comme des droits acquis ; mais, après la séparation, ils cessèrent de les invoquer, car, s'ils l'eussent fait, ils se fussent vus forcés de reconnaître les rapports qui les unissaient à la mère-patrie, dont ils voulaient précisément se faire déclarer indépendants. Il leur répugnait, du reste, de devoir réclamer des droits et des libertés qu'ils considéraient comme appartenant à l'humanité tout entière; et cette attitude était aussi conforme aux principes primitifs du protestantisme que d'accord avec les théories que la France avait répandues dans le monde entier quelque temps avant la révolte des colonies.

La déclaration des droits faite en Amérique en 1776 proclamait avant tout les droits naturels de l'homme qu'aucune forme de gouvernement ne peut lui enlever, savoir : sa liberté et son indépendance, ses droits à l'existence, à la liberté d'acquérir la propriété, la richesse, la fortune, ses droits à la sécurité ; elle autorisait en outre le peuple à modifier ou à déposer tout gouvernement qui ne respecterait pas ces prérogatives appartenant à tous les hommes, et c'était ainsi qu'elle légitimait la séparation. Enfin, en instituant le suffrage universel, elle proclama cette grande maxime démocratique : Le gouvernement est l'expression légale de la volonté du peuple. Il en résulta, non pas comme en Angleterre une constitution mixte, harmonieux assemblage d'une foule d'éléments divers, mais une forme de gouvernement symétrique et de la plus grande simplicité ; ce qui fait la gloire de la constitution américaine, ce n'est pas de mettre d'accord des éléments de nature différente, c'est de rester constamment fidèle à un seul et unique principe : *liberté et égalité*; liberté, ou droit de n'obéir qu'à la loi ; égalité, ou devoir de tous d'obéir à une seule et même loi. Il ne fallait pas ici chercher à équilibrer les positions, les pouvoirs, les prétentions, l'influence ou les droits : il n'y avait qu'une société, qu'une seule classe d'individus, pour laquelle droits particuliers et priviléges avaient été abolis. Le pouvoir qui, entre les mains de quelques-uns, enfante souvent l'arbitraire, et qui, exclusivement confié à un parti, donne ordinairement naissance aux priviléges, fut distribué également entre tous les citoyens et devint ainsi le droit de tous.

De l'égalité des droits résulte nécessairement l'uniformité des mœurs : le riche se conforme aux usages de la classe moyenne, dans laquelle le pauvre cherche à pénétrer, et qui, à proprement parler, fait les lois. Il ne s'agissait pas de concilier des institutions anciennes avec des institutions nouvelles, selon un esprit conservateur et progressif ; tout est neuf dans cet État moderne, tout y est progrès, tout y repose sur des innovations.

Nous ne voyons pas ici l'image d'un vieil État, d'une nationalité égoïste et étroite, mais l'image d'une société universelle, prête à recevoir quiconque vient se réfugier dans son sein, et dont le caractère est cosmopolite. Ici n'existe pas l'unité de gouvernement, mais une union fédérale ; chaque État cherche à imposer aux autres sa souveraineté, chaque citoyen cherche à se rendre le plus indépendant possible de l'État. La liberté individuelle, trait caractéristique des temps modernes et du protestantisme, a obtenu toutes les garanties. L'État existe plutôt pour l'individu que l'individu n'existe pour l'État. Les institutions se plient devant les exigences de la liberté des particuliers, et l'indépendance de l'homme est mise au-dessus des devoirs du citoyen.

L'Église, cette vaste arène dans laquelle se sont combattus et se combattent encore l'homme et l'État, a été rendue indépendante du pouvoir temporel ; et, ce n'est plus que sur le terrain des principes généraux que le gouvernement et la volonté de l'individu peuvent encore être en désaccord. Depuis soixante-dix années existe donc un État tel qu'on n'en n'avait jamais vu auparavant. Le gouvernement du moyen âge, basé sur les corporations, sur les liens de famille, sur la communauté, a disparu devant un État qui semble bâti sur le sable et dans lequel toutes les anciennes corporations, gildes, églises, institutions aristocratiques et militaires, sont dissoutes, où les rapports de famille même sont relâchés. Le lien seul de l'État enchaîne une foule d'individus qui, chacun selon ses forces, poursuivent le but qu'ils ont en vue, qui, s'ils sont trop faibles pour l'atteindre, forment des associations indépendantes. Mais, chose remarquable, en architecture comme en politique, c'est à tort que l'on s'imagine qu'un édifice construit sur le sable est moins solide qu'un édifice bâti sur le roc. — Grâce à sa fortune merveilleuse, grâce au pouvoir qu'il a acquis, ce nouvel État a subitement surpassé tous les autres ; et, en dépit des plus sceptiques, les innovateurs politiques les plus hardis ont vu leurs entreprises couronnées de succès. Le gouvernement du peuple a prouvé qu'il n'est pas inconciliable avec l'ordre et la prospérité, alors même qu'il est établi dans les plus vastes proportions ; une constitution progressive s'est montrée compatible avec le respect pour les vieilles institutions, la liberté religieuse avec la piété, l'absence de forces militaires avec l'esprit guerrier, la grande agglomération d'éléments nationaux divers ne s'est pas montrée contraire à un patriotisme s'inspirant de la liberté ; le gouvernement et l'administration exercés par des représentants et des employés nommés par les pauvres et pris parmi eux, ont su faire régner l'ordre et l'économie. Cette prospérité jointe à des institutions d'un mécanisme si simple, qu'elles sont à la portée de toutes les intelligences a fait de cet État et de sa constitution un modèle que cherchent à imiter, dans tous les pays, les gens éclairés ainsi que les mécontents et les amis de la liberté.

La déclaration des droits de 1776 est devenue pour le monde entier la charte du libéralisme.

FIN DE LA PREMIÈRE PARTIE.

DEUXIÈME PARTIE.

SECTION IV.

—

SOMMAIRE.

Les États romans prennent part à la lutte pour la liberté. — La France ; sa position vis-à-vis des nations germaniques et des nations romanes.— Conséquences politiques de la Réforme en France. — Henri IV. — Absolutisme en France.— Louis XIV. — Soif de conquêtes de Louis XIV.— Guillaume d'Orange.— Changements introduits dans la politique et l'administration depuis l'accroissement des colonies.—Système espagnol de colonisation.—Système anglais.—Essais de colonisation de la France.—Les colonies anglaises, avec le secours de la France, se séparent de la mère-patrie. — La littérature française pendant le règne de Louis XIV.—Nouveaux principes de gouvernement.—Nouvelles théories politiques et sociales.—Caractère universel des nouvelles théories sur la liberté en France et leur mise en pratique en Amérique. — Réaction de la révolution américaine sur l'Europe. — Révolution française. — Caractère mobile des nouvelles constitutions en France. — Effets de la Révolution française sur les nations étrangères. — Combats pour la liberté. — Réactions.

Dès leur établissement, la constitution mixte de l'Angleterre, et après elle, la constitution purement républicaine des États-Unis, fruit de la déclaration d'indépendance des colonies, idéal et clef de voûte des États germaniques, commencèrent à faire sentir, au delà des mers, aux États du continent européen, l'influence des races germaniques sur les races romanes. Dès lors, et pendant l'époque qui précède la scission des colonies anglaises, des événements nouveaux et dignes de remarque surgissent dans l'histoire : la marche des faits, jusqu'alors si simple, est interrompue ; des horizons nouveaux s'ouvrent devant elle, et l'histoire ne présente plus la même clarté.

6

Jusqu'à présent nous n'avons examiné le protestantisme que dans son développement et exclusivement chez les peuples germaniques dont il est resté l'apanage. Son histoire nous le montre formant chez ces nations la littérature et la politique, et dominant l'État et la vie. Jusqu'ici les traités et les guerres n'avaient eu d'autre objet que la religion. Dans les questions d'intérêt temporel même, dans l'antagonisme des nations et dans leurs tentatives d'agrandissement, la religion avait toujours été le principal mobile et le véritable motif. Les partis qui en vinrent aux mains furent toujours les champions les plus ardents des deux croyances rivales. Mais cette position respective des nations, qui avait jusqu'ici rendu si facile la tâche de l'historien, prend un nouvel aspect dans les luttes qui précédèrent et consolidèrent l'indépendance des colonies anglaises en Amérique. Les intérêts de la religion firent place aux intérêts du commerce, lesquels dominèrent la politique, dictèrent les lois, excitèrent des guerres et des révolutions, remplirent les clauses des transactions et des traités de paix.

Ce ne furent plus des principes religieux qui servirent de base au nouvel édifice de l'État, et de prétexte aux guerres pour la liberté en Amérique, mais des axiomes politiques qui, bien qu'enracinés dans des idées protestantes, étaient empruntés cependant aux théories abstraites de la philosophie et révélaient l'influence de nouveaux agents dans la politique : l'influence de la science et de la littérature.

On vit alors l'Angleterre, qui naguère défendait la cause de la liberté, devenir, vers la fin du XVIIIe siècle tyrannique et oppressive, et les nations romanes, qui avaient toujours travaillé à l'asservissement des peuples, combattre à côté des Américains soulevés pour conquérir leur indépendance. Ces changements survenus dans l'attitude des nations, ces forces nouvelles et actives qui surgissent dans l'histoire sont les premiers indices de l'assoupissement de la violente inimitié qui, en politique comme en religion, séparait les deux principaux groupes des peuples européens.

La conséquence immédiate de cet état de choses fut, aussitôt après l'affranchissement des Américains, le grand mouvement d'indépendance qui vint ébranler la France et arracher au joug du despotisme et du fanatisme religieux la plus grande des nations romanes.

Afin de pouvoir mieux apprécier ces deux événements dans leurs rapports, il est nécessaire de reprendre ici l'histoire de la France que nous n'avons fait qu'effleurer jusqu'à présent.

Lors du conflit de l'Espagne avec les États germaniques, du catholicisme avec le protestantisme, la France n'avait pas occupé une position franchement dessinée ; elle avait adopté une politique versatile à l'égard des deux tendances qui avaient allumé la guerre entre le Nord et le Midi. On eût dit qu'elle avait pris à tâche d'empêcher qu'aucune des deux n'acquît sur l'autre une prépondérance durable, ou que les éléments germains et gallo-romains qui se produisaient alternativement dans la nation se fussent disputé la prédominance. Voisine de la toute-puissante Espagne, la France fut dans la nécessité de s'opposer à son pouvoir toujours croissant, et le Saint-Siége lui-même dut s'y résoudre, bien qu'à cet effet, il fallût faire alliance avec les États protestants.

Mais comme l'Angleterre commençait à devenir un voisin redoutable, la France fut obligée de rentrer dans la ligue des puissances catholiques. Quand Charles-Quint eut chassé les Français de l'Italie, les Valois se liguèrent contre l'Espagne avec Maurice de Saxe et le landgrave Philippe ; en 1569, ils firent alliance avec l'Espagne pour combattre l'Angleterre, et trois ans plus tard il se réunirent de nouveau à celle-ci pour recommencer la lutte contre l'Espagne.

Henri IV sut composer à la fois avec les puissances protestantes et les puissances catholiques. L'ancienne politique d'oscillation fut reprise par Richelieu : à peine allié à l'Angleterre contre l'Espagne, il conspire avec cette dernière et le pape contre l'Angleterre et s'unit ensuite à la Suède contre l'Espagne et l'Autriche. La France avait dû maintes fois à cette politique inconstante d'échapper au protestantisme, si redoutable à l'époque de Maurice de Saxe et de Gustave-Adolphe, et qui maintenant voyait sa propre existence menacée.

Louis XIV extermina le protestantisme alors que cette religion ayant cessé partout d'être dangereuse, était aussi partout tolérée. Cette circonstance, ainsi que beaucoup d'autres, prouve que toutes les fois que la France a été l'alliée de l'Espagne ou qu'elle a suivi les voies de la politique espagnole elle a été nuisible à la cause de la liberté, et qu'au contraire elle lui a toujours été utile lorsqu'elle favorisa le protestantisme ou embrassa l'alliance de l'Angleterre. Sous ce rapport, il en a été de même à l'époque de Louis-Philippe que du temps de Henri IV.

Il était de toute impossibilité, au milieu de ces oscillations, que les principes religieux et politiques du peuple et de son gouvernement acquissent quelque fixité. Dans toute l'histoire de la France, c'est surtout pendant la période moderne que l'on découvre le plus étrange dissentiment d'opinions dans le gouvernement, dans les ordres de l'État, dans les partis et dans la littérature. L'absolutisme avait des moments d'humeur démocratique et la démocratie des allures despotiques ; la littérature oscillait entre un libertinage digne des temps païens et un fanatisme chrétien ; les poëtes vantaient d'une bouche servile les vertus républicaines ; les parlements se montraient tantôt soumis jusqu'à la bassesse, tantôt indociles jusqu'à la rébellion ; la Sorbonne proclamait aujourd'hui le droit divin du prince, demain la souveraineté du peuple ; les Jésuites enseignaient en politique des principes démocratiques, et en religion des principes despotiques. Ces inconséquences, nous les retrouvons jusqu'aujourd'hui dans toutes les situations par lesquelles la France a passé.

Ce qui n'est pas le moins digne de remarque, au milieu de ces vacillations, c'est la solidarité permanente qui subsiste entre le protestantisme et tous les efforts faits vers l'individualisme et la décomposition de l'État, entre le catholicisme et les tendances centralisatrices cherchant à donner plus d'extension à l'État. Aussi la France, à l'époque où les légats de Rome (1562-1565) la virent aussi près de se convertir au protestantisme que l'Allemagne du Nord, n'était-elle pas fort éloignée non plus de subir un morcellement semblable à celui de l'Allemagne. Un moment, ce pays parut hésiter entre le protestantisme et le catholicisme : ce fut sous Henri IV, qui avait lui-même prêté l'oreille à ces deux croyances religieuses. Ce grand prince conçut alors le projet d'anéantir à jamais les ferments de querelle entre les deux églises en même temps que les plans de domination universelle de l'Espagne et de l'Autriche. Quand plus tard Louis XIV suivit la politique espagnole, politique d'agrandissement territorial, il anéantit le protestantisme. Puis, à l'époque de la révolution, aussi longtemps que la France se railla de toute religion, elle proclama le principe de la fraternité des peuples et réunit autour d'elle une foule de petites républiques confédérées. Enfin elle revint au catholicisme et à la papauté, et ce fut le signal de son retour à la monarchie universelle. C'est ainsi qu'aucun empire absolu ne paraît pouvoir se passer d'une alliance avec le Saint-Siége, et Napoléon qui visait à la monarchie universelle n'osa pas plus que Charles-Quint tendre la main au protestantisme, bien qu'il eût pu être disposé à le faire.

Les races germano-protestantes ne s'étaient pas contentées de s'opposer partout à l'accroissement de la puissance territoriale des États, mais encore elles n'avaient jamais sérieusement essayé d'établir une vaste unité d'États et une monarchie universelle. L'idée d'un empire romain n'était pour les Allemands qu'une idée importée du dehors et n'avait, à aucune époque, excité de sympathie parmi le peuple. Quoique demi-germaine, l'Autriche n'avait jamais songé à introduire l'unité dans ses États ; et quant à la Prusse, on ne peut lui reprocher que d'avoir trop ménagé l'indépendance de ses provinces.

Les trois royaumes scandinaves n'avaient pas voulu entendre parler d'une union qui semblait cependant commandée par leur position respective, leurs relations et leur origine. La puissante Angleterre elle-même doit son existence à la fusion de trois petits États primitivement fort peu peuplés, et ce n'est qu'à des époques où le danger menaçait du dehors, en 1707 et en 1800, que s'est effectuée son union législative avec l'Écosse et l'Irlande.

Quelque grandeur qu'elle ait acquise au moyen de ses colonies, jamais elle ne leur a imposé, ainsi que l'a fait l'Espagne, son système de gouvernement ; et l'accroissement de sa puissance, elle ne le doit qu'à elle seule, et non à ses possessions qui nécessitent plus de dépenses qu'elles ne rapportent et dont les garnisons militaires loin d'augmenter les forces de la mère-patrie ne font que les affaiblir.

Telle est du reste l'organisation intérieure de ce pays, qu'eût-il même une armée permanente, jamais il ne réussirait à devenir un État conquérant. Ce n'est pas la politique d'une dynastie qui en a fait une grande nation, c'est l'activité de son peuple, activité que la paix seule alimente et qui recourt rarement à la guerre. Tel est aussi le secret de cette puissance que donnent aux États-Unis une sage constitution et une véritable union. Ce n'est pas dans le caractère des peuples germaniques et encore moins dans l'esprit du protestantisme qu'il faut s'attendre à trouver un penchant pour l'unité et pour la concentration des pouvoirs dans une seule main.

Aux époques primitives de l'histoire, comme de nos jours encore, le type de l'État, tel que le comprenaient les peuples germains, se retrouve surtout dans les confédérations de peuples et d'États, comme l'Allemagne, la Suisse, la ligue hanséatique, les Pays-Bas et l'Amérique. Dans ces pays, les liens qui unissaient les divers éléments de l'État, bien que relâchés, ne purent jamais être resserrés davantage ni par les dangers qui menaçaient de l'extérieur, ni par les efforts de la politique ou des théories les plus savantes. La propension de ces races au développement individuel donna naissance dans l'État comme dans l'Église à toutes ces petites associations dont la formation est toujours un signe de progrès, de même que dans la nature les grands espaces et les masses uniformes dénotent l'absence de tout organisme supérieur. Aussi, dès l'instant où la doctrine évangélique parvint à s'introduire en France, cette nation fut-elle menacée de l'irruption de l'esprit germanique, et partant de son morcellement en petites souverainetés.

Son unité ne put être sauvée qu'en sacrifiant le protestantisme ; le protestantisme en Allemagne était impossible sans le sacrifice de l'unité. Dans toutes les guerres de religion qui désolèrent la France, on vit les grands chercher sans cesse à se constituer indépendants. Le prince de Condé convoitait l'Anjou et le Poitou ; le duc de Bouillon, le Périgord et le Limousin ; le comte de Soissons et les chefs protestants du Sud, d'autres parties du royaume. Le duc de Bouillon n'aspirait à rien moins qu'à transformer la France en une sorte de république fédérative sous la protection de l'électeur palatin, et de placer chacune des provinces sous le gouvernement des nobles protestants. Ces projets concordaient admirablement avec les intrigues devenues proverbiales de l'Espagne, dont la politique espérait abaisser la France. L'Espagne berçait d'un semblable espoir les chefs de la Ligue : elle investissait le duc de Savoie de la Provence et le duc de Nemours du Lyonnais, tandis que Mayenne tâchait de reconstituer la Bourgogne indépendante ; et si, à cette époque, les seigneurs français avaient eu la puissance territoriale et les nombreux vassaux des princes allemands, la France aurait indubitalement adopté la même configuration politique que l'Allemagne.

Henri IV et son ministre se croyaient appelés à empêcher la France d'être ainsi démembrée, doublement menacée qu'elle était et par l'Espagne et par l'Église pontificale dont l'unité n'était pas sans dangers pour son existence ; ils étaient décidés de plus à opposer la résistance la plus énergique aux prétentions de la papauté et au pouvoir alarmant de l'Espagne et de l'Autriche, afin d'anéantir à jamais toute idée de religion et de monarchie universelles.

A cet effet et de concert avec Élisabeth et Jacques I, ils avaient formé un projet gigantesque : l'Europe n'aurait plus été qu'une vaste confédération, dans laquelle l'arbitrage d'une amphyctionie aurait maintenu la paix, et dans laquelle les trois principales religions de la chrétienté, ainsi que les trois principales formes de gouvernement auraient été tolérées. La maison d'Autriche ne devait conserver que l'Espagne, perdre ses possessions en Italie et dans les Pays-Bas et renoncer à l'Empire. Les nations de l'Europe auraient été divisées en cinq monarchies héréditaires, cinq royaumes électoraux et quatre grandes républiques (la Suisse, la Belgique, l'Italie et la république de Venise), et l'on eût maintenu l'équilibre parmi tous ces États en fixant équitablement l'étendue du territoire de chacun d'eux. On aurait anéanti ainsi le pouvoir de l'Espagne. La France et l'Angleterre, résolues de donner l'exemple de la modération, n'auraient stipulé pour elles-mêmes que des avantages de peu d'importance ; mais on aurait gagné les États du centre en donnant satisfaction à leurs intérêts personnels et en leur faisant d'importantes concessions de territoire. Si ce grand projet avait pu se réaliser, l'Allemagne n'eût pas été témoin de la guerre de Trente ans ; la moitié de l'Europe n'eût pas été le théâtre de la grande réaction du XVIIe siècle que nous avons décrite plus haut, et l'absolutisme eût prouvé d'une manière éclatante, par une œuvre qui eût embrassé l'Europe entière, qu'il était appelé lui aussi à conduire les hommes dans la voie de la liberté et de la civilisation. Mais les événements ont démontré que le monde n'a pas pris une route aussi idéale. A part cette présomption, qu'un agrandissement de territoire calmerait l'ambition des États du centre au lieu de l'exciter davantage ; à part la supposition qu'il se trouverait toujours pour diriger la confédération des princes aussi puissants et aussi habiles qu'Élisabeth et Henri IV, ce projet n'était qu'une chimère comme la Sainte-Alliance ou la république universelle des démocrates. Il était du reste si contraire aux idées des hommes ordinaires; que, dans le sein même du conseil du roi de France, Sully était le seul avec lequel on pût oser en parler. Mais la mort de Henri IV fit évanouir ces plans, et la France, depuis lors, suivit une route diamétralement opposée ; elle se laissa enlever le protestantisme que Henri IV voulait protéger dans le monde entier, et s'abandonna de plus en plus à l'absolutisme et à l'ambition qui caractérisaient l'Espagne et dont il avait désiré anéantir les maux en détruisant leur source.

Occupons-nous maintenant de l'absolutisme en France. Depuis longtemps tout avait concouru dans ce pays à donner au pouvoir monarchique un développement plus considérable encore que celui qu'il avait reçu en Espagne, même sous le règne de Philippe II.

Pendant l'heureuse époque de la dynastie capétienne, l'accroissement systématique des domaines de la couronne avait tracé au monarque la politique qu'il avait à suivre désormais à l'égard de la noblesse féodale, et, depuis le XIᵉ siècle, l'État marchait résolument vers l'unité, tandis qu'en Allemagne il était porté au fractionnement.

Cette tendance vers l'unité était si puissante que pendant la malheureuse domination des Valois rien ne put y faire obstacle, ni les projets ambitieux de quelques puissants vassaux, ni les querelles des partis, ni l'influence étrangère lors des invasions anglaises, ni les guerres des Huguenots. Bien au contraire, les dangers que courut l'unité de l'État ne firent que lui donner plus de prix, et le pouvoir royal, sous la protection duquel elle semblait le plus en sécurité, en reçut un nouvel éclat. Aussi les princes les plus illustres qui gouvernèrent la France, se sont-ils toujours efforcés de rendre ce pouvoir le plus étendu et le plus illimité possible. Telle fut la politique des quatre rois qui se succédèrent depuis Louis XI jusqu'à François Iᵉʳ; et si, pendant cette funeste période, ils ne purent donner à la France ni repos ni bonheur, ils réussirent au moins à la faire craindre et respecter.

Les Bourbons suivirent la même voie, parce qu'à leur avénement l'unité de l'État ayant couru des dangers, tout permettait de croire que leur souveraine puissance ne rencontrerait aucune résistance sérieuse et régulière. En France, nous ne voyons ni le développement régulier d'une constitution parlementaire, comme en Angleterre, ni la coopération de toutes les classes à la gestion des intérêts du pays, ni des lois restreignant le pouvoir royal. Les états-généraux, quand par hasard on les convoquait, offraient le désolant spectacle de trois ordres cherchant à se tromper l'un l'autre et réclamant sans cesse, non pas afin de faire reconnaître leurs priviléges, mais afin d'en faire sanctionner les abus.

Les parlements cherchaient à s'emparer d'une partie du pouvoir législatif et du pouvoir exécutif. Le parlement de Paris en particulier se signala par ses empiétements sur le pouvoir législatif, et au lieu de rester dans les voies de la légalité, il se conduisit souvent avec une violence révolutionnaire. Cette autorité usurpée et illégale servit fréquemment d'appui à d'autres tentatives ambitieuses. Sully lui-même, aigri par l'expérience qu'il avait faite des institutions représentatives, s'en détourna avec dégoût, bien qu'il reconnût leur utilité pour la fixation des impôts, et le peuple les vit disparaître avec indifférence. Henri IV, ce prince si doux, résista au parlement de Paris avec plus d'énergie qu'on ne lui en prête d'ordinaire, et laissa à ses deux successeurs un exemple dont ils surent profiter.

Sauf les partis religieux et quelques nobles ambitieux, il n'y avait donc plus en France, au commencement du xvɪɪe siècle, aucun pouvoir capable de résister à l'absolutisme royal. Mais la royauté finit par les terrasser également ; et si leur défaite excita peu de sympathie, c'est qu'on les avait vus introduire dans le royaume tantôt les Espagnols, tantôt les Protestants étrangers. Henri IV, tout en les contenant, les avait épargnés ; Richelieu les dompta par la force. *Il fit*, selon les paroles du cardinal de Retz, *de toutes les mauvaises intentions et de toutes les ignorances des partis en France, de la faiblesse de l'empire germanique et de l'incapacité de l'Espagne, un fonds pour s'en servir selon ses intérêts et pour établir l'autorité royale* (1). C'était un de ces absolutistes tels que nous les dépeint Machiavel, un de ces hommes dont les vues égoïstes se confondirent avec les intérêts de l'État, dont on excusa l'excessive cruauté parce qu'il donna au pays une puissance extérieure telle qu'il n'en avait jamais eue, et dont les intrigues furent toujours couronnées de succès, par cela même qu'elles étaient des plus audacieuses.

C'était ainsi que Richelieu avait frayé la route au despotisme de

____

(1) *Mémoires du cardinal de Retz*, t. I, p. 120. Genève, 1751.

(Note du traducteur).

Louis XIV. Si la résistance d'éléments incompatibles poussèrent ce
ministre à la sévérité, Louis XIV rencontra les mêmes obstacles et
eut plus directement à lutter contre eux. Immédiatement après la
mort de Richelieu et de Louis XIII, les effets de la révolution d'Angleterre se firent sentir en France. A l'exemple du parlement anglais,
le parlement de Paris essaya de jouer le rôle de délégué de la nation ; et le peuple s'unit à quelques nobles turbulents dans la guerre
de la Fronde, qui eut lieu pendant la minorité de Louis XIV. La
régente fut sur le point de prendre la fuite, et le sort, qui avait
amené fugitive et en détresse la famille royale d'Angleterre à
Paris, parut aussi menacer un instant la famille royale de France.

C'était au milieu de ces événements que Louis avait grandi ; il
avait vu l'exécution du roi Charles et la puissance de la République
anglaise ; la politique de Richelieu devait lui servir de ligne de conduite. Ce qui ne pouvait manquer de le frapper, c'était l'impuissance
de ce premier et dernier acte d'opposition dont il avait été témoin.
Dans cette guerre de la Fronde, on ne retrouvait plus ce fier esprit
de parti des temps passés, ni ces passions excitées par un grand
intérêt politique, religieux ou seulement particulier à une classe de
la nation. Quelle révolution, en effet, que celle qui avait pour grand
tribun du peuple un intrigant comme le coadjuteur de Paris! Tout
se borna à une misérable intrigue de cour contre un ministre; les
principaux nobles n'y prirent à peu près aucune part; les Protestants furent mis complétement hors de cause, et les généraux qui
s'illustrèrent plus tard sous Louis XIV n'y jouèrent qu'un triste
rôle. On eût dit que chaque membre refusant son secours au corps
affaibli de la nation la tête dût agir pour tous. Ce fut pendant le
long gouvernement de Louis, et pendant les grandes tranformations
qui s'opérèrent dans l'État, que la France commença à s'apercevoir
des conséquences du renversement des vieilles institutions de la féodalité. On mit fin aux vexations innombrables commises dans leurs
domaines par les nobles sur les hommes et les propriétés, lesquels
acquirent dès lors une importance nouvelle. La classe moyenne, par
ses manières et ses usages, devint l'égale des classes supérieures;
les distinctions de rang ou d'emploi disparurent; le mérite intellectuel fut honoré autant que la naissance; l'art et la science autant
que la carrière des armes. On encouragea l'activité des classes industrielles; l'ordre et la tranquillité ramenant la prospérité, per-

mirent de former de plus grandes entreprises et de réaliser des bénéfices plus certains.

Le gouvernement favorisant de tout son pouvoir l'activité nouvelle de la nation, et créant de nouveaux rapports par la colonisation, la navigation, l'influence politique donnée à l'agriculture, au commerce et à l'industrie, chacun ne devait-il pas reconnaître combien le despotisme d'un seul était plus favorable aux intérêts de l'État que le pouvoir arbitraire de plusieurs! Qui n'eût pas, en présence du bien-être général, fermé les yeux sur quelques lois oppressives, quelques impôts onéreux, quelques fautes commises par le gouvernement!

Les diverses classes de la nation sacrifièrent leurs intérêts particuliers aux intérêts du pays, et les tendances au fractionnement cédèrent devant le sentiment d'orgueil qu'inspirait à la nation sa puissante unité. Ce phénomène était d'autant plus étonnant que, se produisant au milieu d'un grand corps de peuple, il lui prouvait à quel degré de prospérité un État peut parvenir quand il est uni et que toutes ses forces sont dirigées vers un seul but. L'absolutisme se montrait donc de beaucoup supérieur à l'oligarchie du moyen âge; mais il démentit bientôt cette supériorité, quand Louis, tombant dans l'erreur qui est commune à toutes les oligarchies et qui les rend toutes si odieuses et si funestes, sacrifia les intérêts de l'État aux siens propres, et quand aveuglé par sa toute-puissance, il ne se confia plus qu'à ses seules forces. Lorsque ses maîtresses en eurent fait un bigot et qu'il eut chassé les Protestants du pays, lorsqu'il eut remplacé ses anciens ministres et ses vieux généraux par les créatures insignifiantes dont il avait fait ses favoris et les instruments de ses caprices, la France tomba du faîte de sa grandeur plus rapidement qu'elle ne s'y était élevée. L'avenir qui s'ouvrit devant elle fut bien plus menaçant que celui qui se prépara pour l'Angleterre après le règne également despotique des Stuarts.

Si l'épuisement intérieur de la France offrait à l'absolutisme royal l'occasion de parvenir à son apogée, d'un autre côté la faiblesse de presque tous les États voisins ou éloignés entraînait ce pays dans la voie ambitieuse dont il s'était efforcé jadis de détourner l'Espagne et l'Autriche. A l'époque de l'avénement de Louis XIV, on remarquait dans toutes les nations de l'Europe méridionale une décrépitude générale. Les royaumes qui avaient donné le signal des mou-

vements du xvɪ° et du xvɪɪ° siècles, tombaient les uns après les
autres dans une égale faiblesse. La décadence intérieure de l'Espagne commença déjà à l'époque de sa grandeur extérieure ; la
puissance militaire des Musulmans s'éclipsa subitement après la
mort de Soliman-le-Grand (1566) ; l'Autriche, abandonnant l'attitude
menaçante qu'elle avait prise pendant la guerre de trente ans, se
tenait sur la défensive. Quant aux nations germaniques, la Suisse
et l'Allemagne étaient tombées dans une sorte d'apathie politique.
Pendant le xvɪɪ° siècle, l'Angleterre et les Pays-Bas s'étaient trouvés seuls en présence de la France ; mais, au xvɪɪɪ° siècle, l'Angleterre était l'unique puissance qui pût porter ombrage à la France,
et ces deux pays étaient en quelque sorte les jaloux représentants
de l'élément germanique et de l'élément roman, dont la longue hostilité avait été si funeste à la cause de la liberté. Les circonstances
nécessitaient, du reste, de la part de la France un grand déploie-
ment de forces contre l'Espagne. Jamais cette puissance n'avait
cessé de harceler la France. Charles-Quint avait voulu la déchirer
par la guerre ; Philippe II, faisant servir à ses desseins les troubles
de la Ligue, chercha à s'en emparer pour lui-même, et les miséra-
bles intrigues de ses successeurs n'eurent pas d'autre but. Ce fut
l'Espagne qui encouragea tous les mécontents en France, et qui y
soutint toutes les insurrections. A l'époque même de Richelieu, les
ducs d'Orléans et de Bouillon, qui méditaient un soulèvement, con-
clurent avec elle des traités formels, et pendant la guerre de la
Fronde, elle prit encore le parti des mécontents. Cette politique hostile
était aussi suivie par l'Autriche. Ces deux royaumes entouraient la
France de telle sorte, qu'il lui restait à peine une issue du côté de
la mer et que, dans chaque guerre, elle avait à défendre une énorme
frontière. Avant la guerre de Trente ans et pendant cette même
guerre, à Veltlin et à Mantoue, ils contractèrent de nouveau une alliance
contre la France. Celle-ci se trouva dès lors dans la nécessité de se
débarrasser de deux adversaires aussi importuns. Leur inhabileté à
mettre leurs ressources à profit, défaut de Charles-Quint lui-même,
permit bientôt à la France de prendre l'offensive ; et leur faiblesse
augmentant toujours, elle put enfin jouer le rôle qu'ils avaient rempli
jusqu'alors.

Richelieu, à son tour, excita la révolte en Espagne et aida le
Portugal à s'en détacher ; en Allemagne, il fit traîner la guerre en

longueur, afin d'affaiblir successivement les Protestants et les Catholiques et de faire mûrir pour la France tous les avantages dont Mazarin devait plus tard récolter les fruits à la paix de Westphalie. Telle fut aussi la politique de Louis XIV à l'égard de l'Angleterre, où il soutint alternativement les Protestants révoltés et le gouvernement, et où il mit les Stuarts sous sa dépendance. Sa fortune en même temps que son audace le servirent si admirablement, qu'il alla jusqu'à corrompre le roi d'Angleterre et à se faire vendre par lui l'importante place de Dunkerque. Il parvint même à enlever à l'Espagne une partie de la Flandre et de la Franche-Comté, avec quelque apparence de droit ; et plus tard, sans prétexte aucun, il lui enleva la ville de Luxembourg. Il attaqua la Hollande en 1672, et fut sur le point de s'en rendre maître, sans indiquer même de motif à la guerre. Enfin, il poussa si loin l'arrogance à l'égard de l'Allemagne et de la Suède, qu'à l'époque des *Chambres de réunion* (1678-1684), il fit rechercher par les tribunaux français quelles étaient les possessions de l'Allemagne avant la paix de Westphalie, et, suivant leurs décisions, il déposséda plusieurs princes et s'empara de divers territoires.

Depuis longtemps déjà, la Suède (à la paix de Westphalie) avait averti l'Autriche de l'attitude de la France, qui semblait vouloir reprendre les anciens projets de domination universelle de l'Espagne. Mazarin nourrissait alors la pensée de joindre les Pays-Bas espagnols à la France, de tenter même la réunion de l'Espagne à la France. Cette idée parut se réaliser plus tard, quand Charles II, par son testament, appela au trône d'Espagne le duc d'Anjou, petit-fils de Louis XIV. Telle était la frayeur inspirée par la puissance de Louis, qu'un trait de plume suffit pour briser le lien qui unissait depuis si longtemps l'Autriche et l'Espagne, pour joindre celle-ci à la France et pour substituer un nouvel empire universel à l'ancien. On n'eût pas voulu cependant que les deux couronnes fussent placées sur une seule tête ; la maison d'Autriche avait prouvé du reste ce dont est capable une dynastie ambitieuse lorsqu'elle étend ses alliances de famille ; et Louis XIV avait expressément enjoint au duc d'Anjou, ainsi que Napoléon le recommanda plus tard à chacun des membres de sa famille, de ne jamais oublier qu'il était Français et autocrate.

La France avait commencé à cette époque à établir des colonies dans l'Amérique du Nord. Ces colonies, situées sur les bords du Mississipi et s'étendant depuis le Canada jusqu'à la Louisiane, renfermaient dans un vaste demi-cercle les colonies anglaises. Quelle n'eût pas été l'étendue des possessions françaises, si les colonies espagnoles de l'Amérique du Sud étaient devenues le partage des Bourbons et que les deux royaumes eussent été soumis à une seule volonté, une en politique, une en religion ! La France, du reste, quant à ce qui regarde la religion, était devenue complétement espagnole : Louis XIV, dans le sentiment de sa toute-puissance, avait osé ce que Richelieu n'avait pas seulement cherché à essayer, ce que le Saint-Siége lui-même avait désapprouvé. Déjà, en 1672, il avait ordonné la restauration de la foi catholique dans les Pays-Bas ; en 1685, il révoqua l'édit de Nantes, chassa du pays un demi-million d'habitants industrieux et convertit le reste par le sabre des dragons. Ce fut alors qu'aveuglé par son zèle, il pressa Jacques II de restaurer le catholicisme en Angleterre. Si la chose eût réussi, quel aspect différent l'histoire n'eût-elle pas présenté ! La Hollande eût inévitablement suivi l'exemple de l'Angleterre, et, dans les colonies américaines, les Puritains anglo-saxons eussent été supplantés par les Jésuites français !

Mais il était réservé encore une fois aux peuples germaniques du Nord-Ouest de l'Europe de détruire l'échafaudage menaçant des projets de domination universelle de la France, comme ils avaient déjà renversé les plans de l'Espagne. Ce n'était à la vérité qu'avec un seul homme que Louis dit le Grand allait se mesurer ; un seul homme allait contrarier ses vues ; mais c'était un véritable grand homme. Nous voulons parler de Guillaume d'Orange. Par sa résistance désespérée, Guillaume frustra le roi de France de la conquête de la république néerlandaise, qu'il était sur le point de soumettre entièrement (1672-1678). Dans la ligue d'Augsbourg (1687), il réunit et arma presque toute l'Europe contre Louis XIV dont la soif insatiable de conquêtes avait, après la paix de Nimègue, inquiété tous ses voisins. En 1688, il détruisit l'alliance si redoutable de Louis XIV et des Stuarts, en acceptant le trône d'Angleterre, que son beau-père avait occupé. Enfin, ce fut encore Guillaume qui, pendant la guerre de la succession d'Espagne, arma contre la France l'Angleterre et l'Autriche. Sa vie tout entière ne fut qu'un perpétuel effort pour maintenir l'équilibre des États européens, et il légua à l'Angleterre la tâche de surveiller la France dans l'intérêt de la tranquillité de l'Europe. Cette tâche, pour laquelle l'Allemagne était trop divisée et la Hollande trop faible, l'Angleterre, lors de la Révolution française, ne put la remplir qu'en faisant appel à toutes ses forces. Les usurpations du catholicisme furent encore une fois arrêtées par l'établissement définitif de la religion protestante dans ce pays, et les influences de l'absolutisme de la France sur tous les gouvernements de l'Europe, par la stabilité de la constitution anglaise. C'était ainsi qu'à la fleur qui était déjà fanée en France, la libre Angleterre opposait une fleur dont la durée donnait bien plus d'espoir ; à la monarchie absolue, elle opposait un État basé sur des principes bien différents ; à la puissance territoriale, un empire universel d'une tout autre nature.

Telle avait été la prospérité des colonies du Nouveau-Monde, vers la fin du xviie siècle et au commencement du xviiie, que la situation de tous les États qui avaient contribué à leur formation commença à se transformer. La navigation avait pris plus d'extension, et de nouveaux perfectionnements y avaient été introduits ; le commerce maritime promettait de devenir plus lucratif que celui de terre. Il devait son origine à l'esprit d'aventure ; l'activité calculatrice s'en empara. Les rapports qui s'établirent entre les deux hémisphères, multipliant les besoins tout en fournissant les moyens de les satisfaire, alimentèrent l'industrie et augmentèrent son développement ainsi que sa prospérité. De vastes relations commerciales permirent de donner satisfaction à tous les besoins, aux besoins du luxe comme aux premiers besoins de la vie. L'industrie et le commerce devinrent pour la classe moyenne la source de son bien-être et stimulèrent l'activité des particuliers d'une manière inconnue jusqu'alors. Comme ils étaient pour l'État lui-même une source de richesses, la politique et les gouvernements s'en occupèrent tout d'abord, d'autant plus que les changements introduits dans le monde, l'agrandissement des États, les nouvelles relations de la vie, rendaient désormais les anciennes ressources du gouvernement, les domaines de la couronne et les contributions foncières, aussi insuffisantes pour subvenir à ses dépenses, que l'était pour le défendre le service militaire féodal. Dans ce nouvel état de choses, l'important était de savoir quelle nation emploierait son activité avec le plus d'habileté. De tous ses voisins, la France fut la dernière à s'en apercevoir, et ce ne fut que sous Richelieu et sous Louis XIV que, rassemblant ses forces, elle tâcha de réparer le temps perdu, par l'accroissement qu'elle donna à sa marine et à son commerce et par ses essais de colonisation. Deux voies bien différentes se présentaient à elle, l'une remplie d'attraits, l'autre d'avertissements.

La politique des rois d'Espagne avait toujours eu pour but l'agrandissement de leur puissance et de leur domination, et à cet effet, il leur avait fallu pouvoir disposer de la manière la plus illimitée de toutes les forces de l'État. Pratiqué au dedans comme au dehors ce système de gouvernement étouffa dans le peuple le sentiment de son ancienne liberté et anéantit son activité industrielle et commerciale, laquelle, à cette époque de décadence, servait à relever les forces des autres nations. Ce fut dans cet esprit de despotisme que furent créées les colonies espagnoles. Le gouvernement s'en réserva la direction et l'organisation. Pour augmenter le prestige attaché à sa puissance, l'Espagne prit possession d'immenses territoires que l'émigration d'un millier d'années eût à peine su peupler. Les terres furent concédées aux Espagnols seuls, et la mère-patrie épuisa sa population, déjà affaiblie par l'expulsion des Maures et des Juifs. Ceux qui émigraient n'étaient animés que d'un seul désir : celui d'amasser de l'or et de réaliser un gain rapide ; ils voulaient jouir sans s'astreindre au travail ; toute énergie, toute activité avait disparu chez eux. Le commerce espagnol déclina, comme autrefois le servage et les priviléges avaient fait décliner l'agriculture. L'échange remplaça le commerce, qui passa aux mains des étrangers ; la pauvreté des particuliers amena l'affaiblissement de l'État, et comme ce dernier avait besoin de flottes immenses pour escorter ses galions chargés d'or, il ne trouvait pas un seul vaisseau pour défendre ses côtes. La situation même des colonies, la richesse du sol des tropiques, qui pour produire requérait à peine le travail de l'homme, tout favorisa les indolentes inclinations de l'émigrant méridional. Le fanatisme religieux s'opposa à la libre manifestation de l'indépendance de l'individu et de l'activité intellectuelle, et là même où il commit le moins d'excès, il ne fit qu'augmenter les avantages matériels de l'étranger sans parvenir à empêcher la démoralisation à l'intérieur. Le monopole inhumain de l'importation des nègres dans les colonies espagnoles étant un objet de scandale pour l'église catholique, on l'abandonna aux étrangers et finalement aux Anglais, par l'assiento de 1711 (1), qui fut extrêmement avantageux à leur commerce et à leurs colonies.

Les colonies démocratiques créées par les races germaniques nous offrent un spectacle tout différent. Les Espagnols avaient découvert le Nouveau-Monde, mais les Germains avaient retiré tous les fruits de la découverte. Ce n'était pas un accroissement de domination que ces derniers ambitionnaient ; tous leurs efforts tendaient à augmenter le bien-être, l'activité et le perfectionnement de chaque membre de l'État. Celui-ci fit peu pour la colonisation de l'Amérique du Nord ; quelques territoires de faible étendue suffirent aux colons pour y créer leurs établissements. Ces colons n'étaient pas comme ceux de l'Espagne de petits nobles, qui ne s'expatriaient que pour devenir prolétaires ou esclaves, mais ils appartenaient à la classe moyenne des campagnes ou des villes, classe inconnue dans les États romans. A côté de l'Anglais pouvait s'établir librement tout émigrant, quelle que fût sa nationalité. Celui qui réalisait les plus grands gains était celui qui avait montré le plus d'activité ; on cherchait la jouissance dans le travail ; le climat et le sol, semblables à ceux de la patrie que les colons avaient quittée, aiguisaient leur zèle au lieu de l'émousser. Les mœurs du Nord, le vigoureux esprit du protestantisme, l'énergie des races germaniques, tout contribua, dans les colonies aussi bien que dans la mère-patrie, à augmenter cette grande activité commerciale qui donna à la classe moyenne une prospérité et une influence politique dont l'histoire n'offrait pas d'exemple auparavant. Ce fut surtout dans les Pays-Bas, à l'époque où ils luttèrent pour leur affranchissement, que cette prospérité et cette influence arrivèrent à leur apogée. Quand cette petite nation eut conquis son indépendance, alors que l'arbre, comme le disait Maurice Saxe, n'était encore qu'un jeune plant, Anvers devint en peu de de temps sa capitale ainsi que le centre du commerce du monde, et acquit d'immenses richesses par l'activité de son port. On vit cette petite nation repousser la guerre par la guerre, dans une

---

(1) *Assiento,* marché par lequel le gouvernement espagnol avait cédé à une compagnie française le droit d'importer des esclaves dans ses colonies, droit qu'il concéda à une société anglaise après le traité d'Utrecht.

(*Note du traducteur*).

lutte des plus inégales et elle fut la première à unir par l'activité de ses établissements commerciaux, les diverses parties du globe. Bientôt elle se trouva à la tête de la plus grande puissance maritime de l'Europe, causa la banqueroute de l'État qui avait épuisé les mines du Pérou, et ébranla ses immenses colonies de l'Est et de l'Ouest.

Quand, quelques années plus tard, l'Angleterre devint la rivale de la Hollande, quand les colons anglais créèrent par eux-mêmes en Amérique de nouveaux États et de nouvelles formes de gouvernement, enfin quand les établissements de commerce anglais, par la hardiesse et le succès de leurs spéculations, l'emportèrent sur ceux de l'État, ce fut l'époque de la croisade commerciale de la bourgeoisie germanique, croisade bien plus brillante dans ses conséquences que les guerres religieuses de la chevalerie au moyen âge. Le monde fut juge alors des résultats auxquels avaient conduit l'activité des races germaniques et l'inertie des races romanes, les entreprises de la classe moyenne et celles des maîtres de vastes possessions coloniales ; il fut juge alors de la supériorité des peuples animés de l'esprit du protestantisme sur les peuples encore courbés sous le joug du clergé, des avantages enfin des États libres sur les États despotiques.

Ces deux exemples devant les yeux, Louis XIV parut vouloir les suivre tous deux, mais il suivit, sans s'en douter, les voies de la politique espagnole. Il excita et encouragea l'activité commerciale de la France, créa une puissante marine et favorisa l'émigration ainsi que la colonisation qui avaient été commencées sous Richelieu dans l'intention évidente de rivaliser avec l'Angleterre. L'activité du gouvernement sembla le disputer à celle des particuliers, et rien ne la surpassa pendant l'administration de Colbert, qui se signala par de nouvelles lois, par la création de nombreux règlements, par les encouragements donnés au commerce et à l'industrie, et par la construction de routes et de canaux. Mais l'activité individuelle, dont l'influence est si puissante, souffrait sous ce gouvernement centralisateur dont le chef voulait tout entreprendre. L'Angleterre, elle aussi, par ses actes de navigation (1) et une habile législation, avait

____

(1) *Acte de navigation.* Acte du parlement anglais, promulgué par Cromwell en 1651 ; l'acte de navigation fut une des principales causes de la prospérité et de la puissance de la marine britannique ; il assurait à l'Angleterre le commerce

encouragé son commerce ; mais c'étaient les particuliers qui avaient surtout contribué à le rendre florissant. Le gouvernement français employa les ressources de l'État à la création de ses compagnies commerciales ; les compagnies anglaises naquirent du sein même de la nation, et leur audacieux esprit d'entreprise put se passer de l'aiguillon du gouvernement. En France, une administration arbitraire éreinta le commerce naissant en l'accablant d'impôts ; les Anglais s'imposèrent eux-mêmes. A l'école du protestantisme, les hommes apprirent à affranchir leur esprit et à déployer leur activité ; Louis expulsa les plus industrieux de ses sujets, ne songeant pas qu'il est bien plus difficile d'exciter l'activité des particuliers que d'y mettre obstacle. Les Jésuites français en mission dans les colonies firent, surtout dans le Canada, des merveilles de conversion, de prosélytisme et de martyre, mais les planteurs de la Louisiane ne réalisèrent rien de comparable aux prodiges accomplis par l'énergie des Anglo-Saxons. Jamais le planteur français ne montra cet esprit d'audace qui poussait l'Anglo-Saxon jusque dans les profondeurs des forêts et les solitudes des déserts, pour les conquérir à la culture. C'est en vain que le colon français voudrait, comme l'espagnol, au Sud, invoquer l'excuse d'un climat énervant : non, la faute en était aux hommes, inaccoutumés à penser et à agir pour eux-mêmes dans la vie libre de la communauté. Aussi, dès le principe, les établissements du gouvernement prirent une attitude hostile vis-à-vis de l'Angleterre. Les colons français s'établirent de manière à cerner les colonies anglaises de la côte, et excitèrent les Indiens à les attaquer, espérant pouvoir un jour, grâce à l'accroissement rapide de leurs possessions, s'avancer facilement jusqu'à la côte. Mais cet espoir de parvenir à prendre la place des colonies anglaises, grâce à leur position naturelle, s'évanouit bientôt devant les échecs et l'incapacité des colons de la France. Durant la première moitié du siècle au commencement duquel les Français vinrent occuper la Louisiane, la population et les produits de cette possession étaient dix fois moins considérables que ceux de la Nouvelle-Angleterre pendant le même espace de temps. Ces résultats

exclusif avec ses colonies. L'acte de navigation fut renouvelé, en 1660, par Charles II.

(Note du traducteur).

devaient inévitablement augmenter la jalousie de la France, dont la mésintelligence avec l'Angleterre trouvait déjà tant d'aliments dans la différence de religion, la diversité d'origine et la proximité des deux peuples.

Cette jalousie, qui dégénéra bientôt en luttes ouvertes, contribua évidemment à la consolidation de l'indépendance de l'Amérique du Nord. Si les Français eussent réussi à s'établir en grand nombre dans ce pays, les colonies anglaises, par crainte de leur domination, fussent probablement restées soumises à la mère-patrie, à quelque condition que ce dût être. Mais la France, obligée de renoncer à ses vues sur les possessions anglaises, résolut d'affaiblir l'Angleterre en les aidant à se déclarer indépendantes. Les colonies, aussitôt qu'elles virent les Français auparavant leurs ennemis devenir leurs alliés, se dégagèrent des liens qui les unissaient à la métropole et proclamèrent leur liberté. C'était le but auquel elles visaient depuis qu'elles avaient senti la désastreuse influence exercée sur elles par le gouvernement parlementaire de l'Angleterre. Du reste, la politique adoptée par ce pays en matière de colonisation, tant à l'intérieur qu'à l'extérieur, était cause que la France et l'Espagne elle-même s'étaient associées à la révolte des colons. Bien que, en principe, les établissements commerciaux et coloniaux de l'Angleterre différassent essentiellement de ceux des peuples romans, il n'était pas à méconnaître toutefois que la conduite du gouvernement anglais ne fût conforme ici à celle des nations d'origine romane. Tous les gouvernements considéraient comme un droit appartenant exclusivement à la mère-patrie le commerce avec les colonies ; ils avaient assujetti ces dernières à un code de commerce et ne les regardaient que comme des instruments destinés à servir leurs intérêts propres. Les nations étrangères ne pouvaient trafiquer avec elles ; les marchands étrangers, traités comme des pirates, avaient été bientôt forcés de le devenir réellement, et tout l'avantage revenait à celui qui avait montré le plus d'audace et le plus d'énergie : c'est dire qu'il revenait à l'Anglais. Depuis l'assiento de 1711 le commerce des Espagnols avec l'Amérique avait été détruit par l'Angleterre au moyen d'un impudent système de contrebande auquel la traite des nègres servait de prétexte.

A peu près à l'époque où allait expirer la paix de Trente ans, les marchands pressèrent vivement le gouvernement anglais de déclarer

la guerre à l'Espagne, afin de détruire son système exclusif de monopole qui était cependant celui qu'ils pratiquaient eux-mêmes. Lors
des grandes expéditions navales faites contre Carthagène et Panama
(1741 - 1742), dans l'unique but de détacher le Mexique et le
Pérou de la domination espagnole, l'Angleterre menaça l'Espagne
comme celle-ci l'avait autrefois menacée au temps de l'invincible
armada, et les deux expéditions eurent le même résultat. Déjà le
monde tremblait devant la puissance maritime de l'Angleterre;
la France et l'Espagne résolurent alors par représailles d'aider les
colonies anglaises à se déclarer indépendantes et d'écarter ainsi le
danger qui menaçait leurs propres établissements. La grande guerre
maritime de 1755 contribua à affermir la France dans ce dessein
plus encore que l'Espagne, car elle y perdit le Canada et sa marine.
L'Angleterre voyait s'accroître tous les jours son influence dans les
Indes orientales et semblait disposée à établir sa suprématie sur le
commerce et sur l'Océan, de même que jadis l'Espagne avait étendu
la sienne sur le Continent.

Les mesures prises à cet effet par le parlement, tant à l'intérieur
qu'à l'extérieur, furent aussi despotiques que celles des gouvernements monarchiques. L'Angleterre combattit les aspirations républicaines de ses colonies avec les moyens dont se serait servi un
pouvoir absolu. Comme on redoutait les travailleurs blancs, on
chercha à en diminuer le nombre en encourageant la traite des
nègres, et l'on s'opposa longtemps à l'occupation du Canada, parce
que le voisinage des établissements français maintenait les colons
dans l'obéissance.

Mais quand après la guerre de 1755, les colonies ne furent plus
retenues par la crainte de la domination française, quand elles
eurent conçu le plan d'une constitution fédérale, manifestation évidente de leur brûlant amour de la liberté, le parlement, au lieu de
chercher à se les attacher par des mesures conciliatrices, adopta une
politique plus oppressive encore que celle qui avait déjà excité leur
mécontentement.

Le parlement, dans lequel les Américains n'étaient pas repré-
sentés et qui entendait même fort peu leurs affaires, s'était arrogé
depuis la révolution de 1688, le droit de réglementer les colonies
et leurs usages, et les avait forcées à se soumettre en dernière instance
à la juridiction des tribunaux anglais. Il les avait considérées comme

de simples établissements commerciaux, leur avait défendu tout commerce entre elles et avec les peuples étrangers, et avait anéanti chez elles toute industrie.

Tel avait été le mécontentement causé par ces mesures, que, vers le milieu du xviie siècle, les hommes habiles en politique prédisaient une révolution prochaine.

On n'avait encore jamais songé à imposer les colonies; aussi, en 1764, quand on essaya de le faire, par l'*acte du timbre*, elles commencèrent une résistance systématique. Une nouvelle taxe établie quelque temps après sur le thé fut le signal de la rupture.

Le congrès national de 1774 commença par publier une déclaration des droits; il annonça que l'état des choses alors existant serait maintenu, énuméra et revendiqua les anciennes franchises, ainsi que l'avaient fait les Anglais dans leur déclaration sous Guillaume III. Le mot de révolution faisait encore reculer les Américains; mais les idées de liberté grandissant sous l'oppression insouciante de l'Angleterre, ils proclamèrent leur indépendance en 1776. La politique injuste et vexatoire de la métropole les avait irrités; le succès de leurs téméraires entreprises avait enhardi leur courage; la mesure brutale que venait de prendre le parlement et que Fox appelait *the scalping tomahawk measure*, les décida à la révolte. L'année 1782 vit les colonies complétement indépendantes. En 1778, la France avait déclaré la guerre à l'Angleterre; toutes les puissances maritimes de l'Ouest s'étaient levées contre elle, et celles de l'Est voulaient lui arracher l'empire de la mer qu'elle avait usurpé. Mais à cette époque, la position de l'Angleterre était bien différente de celle qu'elle occupait lorsqu'elle dominait le monde. Les plus grands hommes du parlement anglais s'étaient constamment opposés à toute imposition des colonies, au profit du trésor de l'Angleterre; ils s'étaient réjouis de l'insurrection et en avaient prédit les triomphes. Le parlement entra de bonne heure dans leurs vues et refusa de prolonger indéfiniment la guerre comme l'avait fait l'Espagne dans les Pays-Bas. Contrairement aux prévisions de la France, l'Angleterre ne fut pas plus affaiblie par la perte de ses colonies qu'elle ne le fut plus tard par le blocus continental de Napoléon; au contraire, ses forces intérieures et l'habileté de son gouvernement arrivèrent alors à leur plus haut développement. Ce qu'aucune guerre ne pouvait lui enlever, c'était l'activité de son

peuple, à laquelle elle devait en majeure partie l'état florissant de
son commerce et par suite la puissance de son gouvernement; et
cette activité inhérente à la nation anglaise ne pouvait qu'accroître
par la liberté de l'État et du commerce de l'Amérique du Nord.
Ces résultats furent la sentence de condamnation de l'ancien
système colonial. La séparation des colonies espagnoles devint la
conséquence naturelle de l'indépendance de l'Amérique du Nord. Le
système de colonisation admis jusqu'alors, dont les vices devenaient
de plus en plus notoires, fut abandonné tout à fait. Pour la première fois, une vaste route avait été frayée à la liberté commerciale,
et cette route, les générations postérieures l'ont avidement par-
courue; il en fut de même pour les libertés politiques auxquelles la
constitution américaine avait ouvert des voies toutes nouvelles.

Chose qu'on aurait crue impossible au temps de Louis XIV, la
France avait aidé les États-Unis à conquérir leur indépendance. Le
mouvement intellectuel qui s'était produit en France sous le règne
de ce prince, ne fut pas sans exercer d'influence sur les institutions
que se donna le nouvel État fédéral. Ce qui était moins encore à
prévoir à l'époque de Louis XIV, c'était que cette assistance prêtée
par la France aux Américains et ce mouvement intellectuel devaient
être la cause du complet renversement de la constitution française.
L'œuvre que l'absolutisme avait cru pouvoir accomplir dans le domaine
des choses matérielles, sans déchaîner les forces du peuple, avait
avorté. Dans le domaine de l'intelligence, l'absolutisme s'était détruit
lui-même en déchaînant ces mêmes forces contre son gré, oubliant
combien il est aisé d'exciter les esprits et combien il est difficile
de les calmer. Dans les États protestants l'éducation nationale fut
propagée par des écoles populaires : ce fut ainsi qu'en Allemagne,
procédant des lumières de la religion pour arriver à celles de la
science, elle se développa progressivement. La littérature nationale
mûrit dans l'ombre et tous contribuèrent à son développement. En
France, Louis XIV attira la littérature à sa cour et, sous sa protection, elle devint une des causes de la splendeur que devait lui donner,
outre ses lauriers militaires, la gloire d'être le Protecteur des
Muses. Considérée d'abord comme un luxe intellectuel que dé-
ployait la cour, la littérature devint promptement entre les mains du
peuple un utile instrument. L'absolutisme joua ici le rôle de protecteur du génie ; ce rôle avait été joué à Athènes, mais sur une scène

moins vaste, par la týrannie des Pisistratides. Ceux-ci avaient établi
leur domination à une époque où les Athéniens étaient encore assez
crédules pour ajouter foi à une cérémonie dans laquelle on voyait
Minerve les ramener elle-même dans la citadelle (1), et la per-
dirent à l'apparition d'un génie aussi libre que celui d'Æschyle.
L'absolutisme détruisit son propre ouvrage, et sa conduite en cette
circonstance fut assez semblable à celle des peuples protestants,
qui, au commencement de la Réforme, avaient fait alliance avec les
princes. Ces peuples avaient cherché à mettre leur liberté religieuse
sous la protection du pouvoir : le despotisme de ce dernier avait
fini par les asservir eux-mêmes. Ils avaient commis une faute;
l'absolutisme en commit une semblable, mais bien plus grave. Dès
le principe, alors que les princes commençaient à secouer le joug
de leurs vassaux, il rechercha l'appui des savants et accorda la plus
grande influence dans l'État aux prêtres et aux hommes de loi
plutôt qu'aux nobles; au pouvoir intellectuel, plutôt qu'à la force
militaire et à la puissance territoriale. Ces encouragements qu'il
avait pour système de donner à la littérature firent naître une nouvelle classe dans la société, et dans la presse, une nouvelle puissance,
qui oublièrent bientôt toutes deux à qui elles devaient leur origine.
Dans les pièces de Corneille et dans les ouvrages de Fénelon on
toléra les louanges accordées aux vertus républicaines; mais le
peuple ne tarda pas à tirer profit des enseignements de la littérature et convertit la poésie en prose. L'art d'écrire servit d'abord
à guider l'opinion publique; celle-ci prit bientôt les écrivains à
son service. L'esprit d'innovation qui avait été exclu du domaine de
la politique s'empara de la littérature où il exerça un pouvoir irrésistible. Émanant des classes élevées, la vie intellectuelle dégénéra
à mesure que se corrompaient les mœurs, et la légèreté heureuse
ou malheureuse de la cour permit à la littérature et à la licence
de grandir à côté l'une de l'autre. Une critique hardie attaqua et
l'Église et l'État, opposa aux inégalités créées par l'éducation et la
manière de vivre une diffusion plus équitable des lumières, un contraste moins choquant dans les conditions sociales, et réclama la
liberté dans les institutions. En religion, comme pour venger la
liberté de croyance autrefois perdue, les esprits en vinrent subite-

(1) Voyez Valère Maxime, liv. 1, ch. 2.

ment de l'asservissement à la licence, de la superstition au scepticisme le plus complet. En politique, les attaques dirigées contre la royauté se prévalurent de l'exemple offert au moyen âge par l'aristocratie spirituelle et séculière. De cet état de choses, qui n'était, au moyen âge, que le résultat de l'égoïsme, ou si l'on veut, de ces transformations naturelles et indispensables à la vie de l'État, naquirent un système d'institutions démocratiques ainsi que des maximes gouvernementales, qui, pour la première fois clairement formulées, furent opposées aux institutions ecclésiastiques et féodales du moyen âge.

Cette double origine fut cause que les innovations politiques et philosophiques de la France agirent diversement sur le gouvernement et sur le peuple, et que leurs résultats furent autres à l'Est qu'à l'Ouest. Les nouvelles théories émises sur les institutions politiques s'adressèrent au peuple; les nouvelles doctrines gouvernementales, au gouvernement. Les premières produisirent leurs effets en Amérique; les secondes, dans presque toutes les cours européennes. En France, elles concoururent les unes et les autres à produire le grand bouleversement de la révolution de 1789.

Le règne splendide de Louis XIV, si on le considère dans ses influences sur les diverses cours de l'Europe, eut évidemment pour résultat de porter ces dernières à imiter son système militaire et son esprit de conquête. Une armée de 400,000 hommes, comme celle que possédait Louis vers la fin de son règne, une armée tout équipée et permanente, une armée dont la formation ne dépendait plus ni du bon vouloir des seigneurs féodaux, ni du consentement des états, une telle armée était un moyen si sûr d'arriver à un pouvoir absolu et, en même temps, un si grand sujet d'effroi pour tous les autres gouvernements, que ces derniers, séduits et effrayés à la fois, furent poussés à l'imiter. A l'Est, on vit s'élever de toutes parts des puissances militaires : l'Autriche, la Prusse, la Suède, la Russie, la Pologne, la Turquie, États qui tous avaient un excédant de population grossière à laquelle l'Europe occidentale avait à peine su communiquer un rayon de ses lumières, ni la moindre idée de l'activité commerciale de sa classe moyenne. Ces États venaient d'être délivrés du système militaire de la féodalité, auquel avait succédé un autre système plus favorable au despotisme du prince et plus funeste au développement de l'État. Mais, chez ces nations, l'absolutisme poussé à l'excès trouva en lui-même un contre-poids. L'armée

ayant été augmentée, on dut nécessairement chercher à accroître les
ressources de l'État et l'on créa des impôts plus onéreux. Les princes
furent donc contraints de prendre à cœur les intérêts du peuple.
La prospérité des États libres de l'Ouest leur fit convoiter les
riches avantages que leur procurait l'activité commerciale et industrielle, tandis que les nouvelles théories physiocratiques de l'État
promettaient, de leur côté, de rendre l'agriculture la principale
source des richesses de la nation. Afin de tirer profit de ces éléments
de prospérité, l'on dut encourager, dans les classes inférieures, les
aspirations à l'indépendance. La diffusion des lumières fut le but
que se proposèrent tous les gouvernements, et la littérature française leur révéla les moyens d'y parvenir. Frédéric II inaugura cette
politique humanitaire dans un État guerrier et encore peu civilisé ;
mais si, parmi les princes, il fut le dernier qui, dans ses guerres
de Silésie, se servit encore du système d'occupation militaire usité
pendant la guerre de Trente ans, au Nord, et celle de la succession
d'Espagne, il fut aussi le premier qui se déclara ouvertement pour
les doctrines philosophiques et scientifiques de la France, et dont
l'unique but fut le bien-être de son peuple.

Aussi, le règne de Frédéric II est-il le fait capital de l'histoire
de l'Europe pendant la dernière moitié du xviiie siècle. Son exemple
fut suivi en Portugal, sous l'administration de Pombal ; en Espagne,
sous celle de Campomanes et d'Aranda ; à Naples, sous Tanucci ;
en Toscane, sous Léopold, et en Autriche, sous Joseph II. Il fut
suivi également dans une foule d'autres petits États d'Allemagne,
en Scandinavie et même en Russie, sous Catherine II. Des améliorations furent introduites dans les écoles et dans l'instruction publique ; la législation fut révisée et l'administration mieux orga-
nisée. Les questions d'économie politique, le commerce et l'industrie
devinrent l'objet de la sollicitude du gouvernement. On veilla à une
plus utile distribution des terres, à l'affranchissement du sol et de
l'industrie des charges qui les accablaient ; on répartit plus équitablement les impôts et l'on détruisit les monopoles ; on restreignit
les priviléges de quelques-uns en faveur du droit de tous. On établit
plus d'égalité dans les conditions sociales, et l'on fit une nouvelle
attaque contre les derniers vestiges de la féodalité. Telles furent en
général les réformes qui s'opérèrent dans les divers États que nous
avons mentionnés plus haut. L'absolutisme semblait avoir compris

maintenant que sa mission était de servir d'école à la liberté et d'assurer le bonheur des peuples. Au commencement du xve siècle, il avait eu pour destinée d'élever les communes et de préserver l'État tout entier de la puissance active de la noblesse et du clergé. Cette destinée, il la remplit alors encore, mais dans des proportions plus restreintes. Il éleva les classes inférieures, afin de détruire ou de rendre moins sensibles l'influence pernicieuse des classes élevées, dont le rôle vis-à-vis de l'État était devenu passif, leurs franchises d'impôts et leurs priviléges. C'étaient les préjugés et les priviléges des classes supérieures que les réformes ministérielles et princières de cette époque attaquaient dans leur existence même et avec plus ou moins de ménagement. L'attitude prise vis-à-vis du Saint-Siége, par un Léopold ou un Joseph II, et l'expulsion des Jésuites, à laquelle les Bourbons contraignirent le pape, prouvent jusqu'à quel point les réformateurs ont poussé leur zèle. Dans tous les États protestants où il n'y avait pas lieu de s'attendre à une résistance de la part du clergé, on tenta les innovations les plus audacieuses. On prépara peu-à-peu le peuple à les comprendre. L'art et la science, la liberté philosophique et religieuse se répandirent dans toute l'Allemagne, et l'on put sans obstacle et sans préjudice transformer de la manière la plus complète et l'Église et l'État. Dans les pays catholiques, au contraire, toutes les tentatives de réforme échouèrent, parce que le pouvoir des nobles et des prêtres y était puissant, et que le peuple, placé sous leur direction et sous leur tutelle, ne se trouvait pas suffisamment préparé aux changements.

Ainsi s'expliquent les résultats des innovations faites par Joseph II en Hongrie et en Belgique, et ceux des réformes ministérielles tentées en Espagne, en Portugal et à Naples.

Dans la France catholique, les mêmes tentatives devaient échouer également devant la résistance des classes privilégiées. Turgot, lui aussi, avait l'intention de faire participer ces dernières aux charges publiques, d'abolir la corvée, le servage, les priviléges, et d'abaisser devant le commerce et l'industrie les barrières provinciales et territoriales. Lui aussi, il voulait, par la création d'institutions provinciales et communales plus libres, réveiller l'activité endormie de la classe moyenne et arriver ainsi progressivement au rétablissement de la constitution des États. Comme dans tous les autres pays catholiques, la résistance des classes élevées renversa les projets de réformes du ministre; mais ici le roi, qui leur avait refusé son appui, tomba avec eux, et l'ancienne constitution, devant laquelle on avait échoué, fut renversée également. Le peuple français, ne voulant plus être conduit et opprimé par les classes élevées, brisa violemment avec elles, et au lieu de l'âge d'or, qu'on croyait voir résulter des réformes équitables du pouvoir, on vit éclater une épouvantable révolution. L'expérience semblait démontrer que les réformes, même progressives, ne peuvent se réaliser sans la volonté expresse du peuple, et que les pouvoirs dominants ne peuvent faire de grands sacrifices à l'État sans y être contraints par une impérieuse nécessité.

Les tendances de l'histoire se révélèrent en France. L'esprit indépendant du protestantisme, qui n'avait pu pénétrer chez les nations romanes par la voie directe d'une réforme religieuse, y pénétra par la voie indirecte de la littérature, et conduisit aux mêmes résultats que ceux obtenus par les libres États germaniques à la suite de leurs luttes religieuses, c'est-à-dire au développement de l'activité nationale et des libertés politiques. C'était dès lors aux peuples à achever ce que les princes avaient commencé. Il ne s'agissait pas seulement d'agir pour le peuple, mais aussi par le peuple. Ce n'étaient pas des théories qui pouvaient rendre les nations heureuses, mais le libre exercice de leur volonté cherchant à donner satisfaction à leurs besoins. C'est là le plus noble résultat auquel un État puisse parvenir. Les réformes populaires devaient remplacer celles du monarque; à la tutelle devait succéder l'indépendance; au pouvoir despotique du prince, le pouvoir législatif du peuple. En un mot, au lieu d'une réforme gouvernementale, il fallait un changement de constitution. La coopération puissante du peuple semblait donc indispensable. L'expérience a démontré qu'une monarchie despotique est incompatible avec une constitution modérée, et que les voies monarchiques n'aboutissent jamais à la liberté populaire. Les monarques les mieux intentionnés qui cherchèrent à réaliser des réformes dans l'État, se sont toujours bornés à introduire des changements dans le gouvernement, changements qui sont demeurés illusoires tant que le peuple n'a pas eu de constitution qui les lui garantît. Aucun des princes qui tentèrent à cette époque les réformes les plus hardies, ne se hasarda à donner une constitution. Frédéric II exprima son admiration pour l'État quaker de la Pensylvanie, accorda à Neufchâtel son indépendance, et ne songea pas un seul instant à préparer ses sujets à de pareilles libertés. Quand la France et la Pologne se furent proposé ces changements constitutionnels et les eurent effectués, les princes coalisés conspirèrent contre elles.

Les réformes gouvernementales des souverains furent faites conformément à l'esprit des théories d'économie politique émises par la littérature française, et les doctrines avancées d'une philosophie plus libérale, qui faisaient présager pour l'avenir des innovations politiques, encouragèrent les tendances révolutionnaires du peuple vers un changemeut de constitution. Machiavel avait, de son temps, cherché dans un absolutisme temporaire, favorable anx intérêts de l'État et du peuple, un remède aux maux inhérents au système féodal. L'absolutisme avait certes remédié aux plus apparents, mais les plus subtils avaient persisté. Cependant il était devenu une plaie à son tour et une plaie plus dangereuse encore. Cessant peu à peu de servir les intérêts de l'État, il n'avait plus cherché qu'à satisfaire ses vues personnelles. Il avait perpétué son autorité, étendu partout son pouvoir centralisateur et était arrivé ainsi à bouleverser l'État et à créer des contrastes choquants entre les conditions sociales et les droits de la civilisation. Montesquieu et Rousseau attaquèrent ces vues de deux manières opposées. Le premier vit les causes des maux existants, dans les derniers vestiges de la féodalité qui avait étouffé tout patriotisme. A la recherche d'une meilleure forme de gouvernement, il jeta un regard en arrière sur les vieilles institutions germaniques qui lui semblaient avoir été altérées par la féodalité et rétablies d'une manière plus complète dans la constitution anglaise où elles se retrouvaient avec tous les attributs des anciens États. Dès lors, Montesquieu fit l'éloge de cette constitution dans un ouvrage essentiellement scientifique à la portée seulement de quelques hautes intelligences. Il s'y exprima avec prudence et timidité, ne procédant que par insinuations, comme s'il craignait de dire toute sa pensée, vantant une constitution libérale sans critiquer toutefois les institutions existantes, persuadé que de trop grandes concessions faites à la raison et à la liberté n'étaient pas désirables, parce que l'homme, de tout temps, s'était mieux trouvé de la modération que des extrêmes. Rousseau fit précisément l'inverse de ce qu'avait fait Montesquieu, et professa des opinions et

des doctrines diamétralement opposées. Il préconisa les libertés les
plus illimitées, et, en politique, les précédents n'eurent pour lui aucune autorité, en présence des exigences de la raison. Il s'adressa à
tous et se fit aisément comprendre, car il attaquait ouvertement les
institutions existantes. Selon lui, le mal avait sa cause non pas dans
les derniers vestiges de la féodalité, mais dans la soumission au despotisme du siècle. Il s'éleva avec force contre Saumaise et Grotius,
qui avaient fait du despotisme un système, et opposa à leurs théories
de l'esclavage et de la nature animale de l'homme la doctrine des
droits inaliénables de l'humanité. A la théorie luthérienne prescri-
vant l'obéissance passive, attendu que le courroux de Dieu frappe les
mauvais rois, théorie qu'il avait placée, pour s'en railler, sur le terrain de la politique, il objecta que si l'on était obligé de souffrir un
mauvais maître, il importait avant tout d'en chercher un bon, et que,
s'il fallait que le peuple se soumît à un pouvoir plus fort que lui, il
était meilleur encore qu'il en secouât le joug s'il en avait la force.
Cette thèse était également soutenue par les Calvinistes de Genève.
De cette ville, alors le refuge des libres-penseurs de la France, devait être prêchée la révolution, ainsi que l'avait été jadis la révolution religieuse.

Dans les doctrines de Rousseau se retrouvaient les principes
politiques proclamés autrefois par le calvinisme.

Déjà, en 1577, Junius Brutus (Languet) (1) avait soutenu que les
lois, empruntant leur autorité à un contrat naturel tacite, sont au-
dessus de la volonté du prince, et avait reconnu au peuple le droit
de chercher à obtenir de force le règne de la loi, parce que l'État
c'est le peuple et non le roi. Déjà Milton avait proclamé naturels et
inaliénables les droits de l'homme et du peuple à la liberté. Déjà le
calvinisme, en donnant à la communauté le droit d'interpréter la loi
religieuse, avait reconnu le pouvoir législatif du peuple et sa souveraineté. Tels furent aussi les principes qu'admit Rousseau. Il atta-

(1) Languet, publiciste, né en 1518, mort en 1581. On a de lui plusieurs
ouvrages importants et très-hardis, parmi lesquels nous ne citerons que son
livre intitulé : *Vindiciæ contrà tyrannos, sive de principis in populum popu-
lique in principem legitimâ potestate*, sous le nom de *Junius Brutus*. François
Estienne en a donné une traduction en français sous le titre : *De la puissance
légitime du prince sur le peuple*.

(Note du traducteur).

qua violemment le principe qui permettait à l'homme à qui le hasard de la naissance avait conféré une couronne de gouverner un peuple, principe qui mettait les vieillards sous la dépendance des enfants et la multitude sous la dépendance, de quelques uns. Au principe politique de la hiérarchie il opposa un principe de droit naturel ; à l'invention théologique du droit divin des rois, la fiction juridique d'un contrat social. La révélation préconisait la monarchie ; Rousseau invoqua la raison et le droit naturel en faveur de la souveraineté du peuple. De là sa haine pour la constitution anglaise que Montesquieu avait exaltée. L'idéal de ce dernier étaient les petites démocraties de l'antique Germanie, dont on avait adopté la forme en Suisse, en Amérique et dans les Pays-Bas. Entre les idées de Rousseau et les institutions de tous les grands États européens il y avait un abîme. Il ne s'en inquiéta point. Se plaçant au-dessus de toutes les considérations que la réalité et les opinions reçues auraient pu faire valoir, il demeura convaincu que l'avenir ne tiendrait compte ni du présent ni du passé.

Comment, en effet, aurait-il pu sacrifier à des erreurs invétérées les droits éternels et inaliénables de l'homme! Sans s'en douter, Rousseau montra au peuple quelle était sa force et lui apprit à s'en servir pour faire valoir ses droits. Tel est le secret de l'énorme influence qu'exercèrent ses doctrines. L'idée d'un contrat social ayant présidé à la formation de l'État n'est après tout qu'une nouvelle illusion venant s'ajouter à beaucoup d'autres. Mais jetons les yeux sur les époques de l'histoire pendant lesquelles un peuple arrivé à sa maturité politique secoua le joug d'une domination arbitraire, et nous constaterons que chaque révolution n'a fait que confirmer les principes de Rousseau, principes qui servent de bannière à toute révolution. Ce n'est pas la souveraineté du peuple qui est la forme originaire de l'État; quand la souveraineté nationale vient à être reconnue, l'État est parvenu à sa perfection. Les États doivent leur origine à un contrat social; aussi les colonies, rejetons en quelque sorte des États qui sont arrivés à leur maturité politique, ont-elles, la plupart du temps, proclamé le dogme de la souveraineté du peuple.

Les institutions de l'Amérique du Nord n'ont certes pas été sans exercer de l'influence sur les idées de .Rousseau. Les circonstances réellement exceptionnelles où s'était trouvé ce pays lui inspirèrent des théories qui repassèrent en Amérique où elles devinrent d'une application universelle. C'était avec un instinct merveilleux qu'il avait révélé les tendances qui, à cette époque, agitaient sourdement les nations des deux rives de l'Océan où elles devaient faire éclater les bouleversements politiques les plus extraordinaires. Personne n'ignore combien les événements qui se passèrent en Corse, à Genève et en Pologne furent conformes à l'esprit des doctrines de Rousseau. Tout le monde a pu constater combien ses théories ont été d'accord avec la marche de la révolution française.

Le combat que se livrèrent alors les idées de nationalité et celles de fraternité universelle, se reflète dans les contradictions flagrantes de ses propres doctrines et dans ses inclinations et ses antipathies alternatives. Les principes proclamés par Rousseau ont été mis en pratique dans la constitution américaine et semblent avoir servi de bases à un nouveau droit public.

Mises en pratique immédiatement après la proclamation de l'indépendance des colonies américaines, ces nouvelles théories politiques hâtèrent la réaction que produisirent sur l'ancien monde les mouvements de liberté qui s'étaient manifestés dans le nouveau. L'Europe avait toujours pensé que l'Amérique n'exercerait d'influence que sur ses intérêts matériels ; elle s'apercevait maintenant qu'elle exerçait surtout sur elle une influence morale et politique. Les premiers émigrants avaient, au xviie siècle, compris jusqu'à un certain point que leurs institutions républicaines allaient servir de modèle à tous les peuples. Ces prévisions se réalisèrent avant même que l'étonnante prospérité du nouvel État ne les eût justifiées.

La constitution américaine renfermait dans son sein des éléments d'activité et de force, et son développement rapide ne saurait être attribué qu'à l'éducation politique du peuple que le temps avait mûrie et propagée. Ce qui faisait la force de cette constitution c'étaient les grandes libertés qu'elle avait consacrées, c'était son bon sens, sa simplicité, la nature de ses principes fondamentaux, sa profonde logique ; c'était enfin la merveilleuse propriété d'être applicable à tous les peuples qui, mécontents de leurs institutions, ne trouvaient dans celles de leur passé rien qui fût digne d'être rétabli. Tel est le secret de l'influence et de la force de la constitution américaine. Dans tous les mouvements de la liberté qui s'étaient produits jusqu'alors, il ne s'était agi que de certains droits et de certaines franchises. Les réclamations n'allèrent jamais jusqu'à demander un changement dans la forme gouvernementale admise, quelque despotique qu'elle fût.

En France, ces libertés partielles furent perdues et même oubliées. Celles dont on se souvint demeurèrent incomplètes ou cessèrent d'être désirées. En Amérique, le droit, égal pour tous, ne fut pas considéré comme une possession acquise ou une propriété privée, mais comme un bien inné, naturel et indépendant de toute loi et de toute tradition. On proclama la liberté universelle comme une idée et non comme un fait historique. Les prétentions de la politique n'eurent plus seulement pour objet les institutions existantes ou la religion; mais, basées sur des principes politiques indépendants, elles s'adressèrent à des hommes qui depuis la résurrection intellectuelle du siècle avaient commencé à penser en politique. Des théories rationnelles admissibles par tous inspirèrent la législation. Dans les principes généraux servant de bases à tout acte législatif on put remarquer, à part les circonstances particulières, des tendances libérales et philanthropiques. Ce furent ces deux particularités, l'idéalisme et l'universalisme (c'est-à-dire ce fait, que tous étaient animés en politique de la même idée et que tous en étaient également pénétrés) qui, transformant d'une manière si brillante les institutions politiques du monde et sa civilisation et émancipant les peuples, répandirent cet esprit et ces forces qui firent la révolution elle-même et excitèrent les sympathies du peuple pour les intérêts et la fortune de l'État. La puissance énorme qui résidait dans ces deux principes ne fut pas immédiatement aperçue. Ce fut seulement quand leurs premiers effets se firent sentir en France, quand tout le monde, dans ce pays, commença à avoir la même pensée et le même but politique, quand les hommes de 1789 proclamèrent leur révolution comme un pas fait vers l'affranchissement de l'Europe entière, comme un monument destiné à servir d'exemple à l'humanité, ce fut alors seulement que commencèrent à trembler, en Angleterre, les partisans des vieilles institutions, eux, qui peu auparavant avaient plaidé la cause de l'indépendance américaine. A partir de cette époque, les cabinets de l'Europe se liguèrent contre le peuple et combattirent les nouveaux principes d'organisation sociale, adoptant une politique semblable à celle autrefois suivie dans les luttes religieuses. Gentz (1) ne se trompait point lorsqu'il pressentait le changement total que devait opérer dans le caractère de l'histoire l'influence de ces nouvelles tendances. Il fit observer que, dans toutes les révolutions antérieures, en Allemagne, en Hollande et en Angleterre, le but poursuivi n'avait été qu'un but purement national, local, et sans détermination précise; tandis qu'en Amérique et en France, c'était à leurs motifs, à leur but, à leurs principes, que les deux révolutions avaient dû leur caractère d'universalité et d'applicabilité à tous les peuples et à toutes les époques. Telle était, selon lui, la source de leur force et de leur influence. Il faisait résider le danger qui les rendait si redoutables, dans la conscience qu'elles avaient eu de leur but. Ce principe survécut à la révolution elle-même, se transmit parmi les masses et devint la propriété commune du monde.

Quand la liberté, qui avait triomphé en Amérique, pénétra en France, elle conserva intact son caractère d'universalité. Jusqu'alors, les mouvements qui s'étaient produits en faveur des libertés politiques et religieuses, n'avaient eu lieu que de l'Est à l'Ouest et chez les peuples germaniques qui avaient embrassé le protestantisme. Arrêtés en Amérique par une barrière naturelle, ils furent forcés de prendre une direction opposée et se dirigèrent de l'Ouest à l'Est. Chez le peuple américain, les idées politiques ne s'étaient jamais confondues avec les idées religieuses; elles s'étaient même affranchies des vues étroites de nationalité, devant un régime d'institutions démocratiques pures sous lesquelles vivaient heureux des citoyens de toutes les nations du monde. Dès lors, l'esprit du protestantisme, particulier aux races germaniques, parvint à se propager sans devoir s'adresser exclusivement à elles.

Dans sa marche triomphante, cet esprit se soumit tout d'abord la plus considérable des nations catholico-romanes. Des espaces nouveaux s'ouvrirent devant lui. De même que jadis le despotisme de l'Orient avait donné naissance aux institutions despotiques en Europe, de même, à cette époque, la démocratie, triomphant en Occi-

---

(1) Gentz (Frédéric), publiciste allemand et adversaire ardent de la révolution française. Né en 1764, il mourut en 1832. Ses ouvrages principaux sont : *Système de l'équilibre européen; Sur la moralité des révolutions; Sur la déclaration des droits de l'homme.*

(Note du traducteur).

dent, commençait à faire sentir son influence, mais dans un sens tout différent.

Si une prospérité nouvelle devait arrêter les peuples romans dans la voie de décadence où ils étaient entraînés, la seule nation qui pût les guider par son exemple était la France : la France, que des mouvements de liberté avaient récemment émue, qui venait d'être le théâtre d'une grande révolution intellectuelle, et qui, voisine de l'Angleterre, se trouvait avec ce pays dans une continuelle rivalité politique. La nation française était menacée, au xviiie siècle, de tomber dans l'apathie politique et la torpeur morale qui avaient fait perdre à l'Italie et à l'Espagne tout pouvoir au dehors, toute indépendance au dedans. Comprenant l'immense supériorité qu'avait gagnée sur elle l'Angleterre, dont le gouvernement libre, l'activité et les tendances progressives avaient imprimé à son peuple un caractère si éminemment national, la France dut chercher à s'approprier les ressources et les forces qui résultent de la participation du peuple au gouvernement de l'État. Dès lors, on s'explique cet esprit plus national qu'aristocratique qui porta instinctivement des Anglais, tels que Pitt, à détester ouvertement la révolution française. Ils redoutaient la puissance qu'eût donnée à la France une constitution pareille à la leur. Mais Pitt se tranquillisa bientôt à la pensée que les Bourbons seraient incapables de profiter des avantages d'une semblable organisation. Ce qui inquiétait surtout l'Angleterre, au début de la révolution, c'était la question de savoir si la France adopterait la constitution anglaise que Montesquieu avait tant vantée; mais le renversement de la république et la dictature de Napoléon firent bientôt évanouir la crainte de voir établir dans ce pays les institutions américaines, d'y voir triompher Rousseau plutôt que Montesquieu. Il semblait, du reste, peu raisonnable, de vouloir appliquer à un État décrépit les institutions d'un peuple jeune encore, la simplicité républicaine à une civilisation raffinée, l'égalité à une société où régnait encore la plus grande inégalité des conditions. Il était peu probable qu'on voulût renoncer à tant d'institutions et de pouvoirs dont le maintien avait procuré à la nation anglaise de si notables avantages. Mais, en France, ces institutions et ces pouvoirs avaient depuis longtemps cessé de produire les heureux résultats qui seuls avaient rendu possible leur conservation en Angleterre. Que d'attraits ne devaient pas avoir pour les Français les nouvelles doctrines politiques émises par la littérature condamnant les vieilles institutions sous le joug desquelles ils rougissaient! Combien la supériorité des premières ne devait-elle pas leur faire désirer le renversement d'une organisation surannée! Ils possédaient une constitution, mais son histoire la montrait sans cesse violée. Ils avaient des institutions, mais ils en étaient fatigués. Ils avaient des traditions, mais elles leur étaient odieuses. La royauté ne leur était jamais apparue que sous la forme d'un despotisme ayant pour base un pouvoir militaire. Depuis deux cents ans, les États-Généraux n'avaient plus été convoqués; la plus grande désorganisation régnait dans les institutions provinciales; et quant à la bourgeoisie, élément le plus important de l'économie sociale, elle était sans représentation. L'aristocratie possédait plus de la moitié du sol de la France, ses terres étaient franches de redevances et la multitude, privée de tout droit, était opprimée par elle. Cette aristocratie n'était qu'un corps expirant, qui, chose impossible en Angleterre, mit fin à sa propre existence pendant la fameuse nuit d'août (1). Telle était la situation de la France. Les tentatives de réforme de Turgot et de Malesherbes avaient été impuissantes à la modifier; mais la révolution intérieure qui s'était opérée dans les esprits l'avait transformée depuis longtemps, en détruisant les vieux préjugés ainsi que le respect pour les institutions existantes. Il n'était donc pas à supposer qu'au moyen de matériaux aussi défectueux on érigerait en France, avec autant de facilité qu'en Angleterre, un édifice constitutionnel. La chose était d'autant moins probable, qu'à cette époque, la royauté, en nivelant les conditions sociales, et la littérature, en attaquant librement tout gouvernement oppressif, avaient commencé à démocratiser l'esprit public. Il était également peu croyable que l'esprit démocratique eût pu, aussi aisément qu'en Amérique, triompher de la vieille société et de ses institutions. Ces dernières, en effet, étaient encore debout en France; et tandis que les Américains les avaient laissées derrière eux en Angleterre, les Français se trouvaient face à face avec elles. Le règne même de la terreur, qui vit diriger contre ces institutions les premières attaques, ne put réussir à les détruire complétement. Si, pendant la révolution, le peuple français avait pu franchement se déterminer à adopter la

(1) Voyez Anquetil, *Histoire de France*, p. 677. Paris, 1851.
(*Note du traducteur*).

constitution anglaise ou la constitution américaine, un premier coup eût été frappé en faveur de cette dernière en Europe, et, dans cette partie du monde comme en France, la cause de la liberté eût été désormais assurée. Alors, se fût réalisé, en Occident, ce triumvirat d'États libres qui, selon Fox, devait former contre le despotisme une forteresse inexpugnable. Mais la chose était impossible à cause du caractère versatile de la France. Ses continuelles oscillations entre le protestantisme et le catholicisme, entre les tendances germaniques et les tendances romanes, entre la liberté et le despotisme, cette versatilité que nous avons toujours observée dans son histoire, ne se démentit point pendant la crise terrible qu'elle avait à traverser.

Cette versatilité ne se montre pas précisément dans les brusques transitions qui s'opèrent, pendant la révolution, de la monarchie absolue à la monarchie tempérée puis à la république, et de celle-ci à l'oligarchie et à l'absolutisme, pour revenir à la monarchie constitutionnelle. En effet, cette course rapide à travers les phases de tout développement historique, cette révolution dans le cercle entier de la vie d'un État, sont inséparables de la notion et de l'existence de toute révolution ainsi que l'indique la signification du mot lui-même (*revolvere*). Tel avait été aussi le cas en Angleterre; mais, dans ce pays, pendant toutes les périodes de la révolution, les tendances du peuple s'étaient toujours franchement manifestées pour la forme constitutionnelle seule, dont l'absolutisme lui-même ne s'était jamais complétement départi, et en faveur de laquelle s'étaient déclarés, pendant la république, une foule de réclamations individuelles et de nombreux soulèvements. Les chefs républicains eux-mêmes s'étaient spontanément décidés à la rétablir, et la nation, heureuse de la voir revenir, avait été unanime à s'y attacher de nouveau par les liens les plus durables. Mais, ce qui prouve surtout le caractère inconstant du peuple français, c'est que jamais, ni pendant le cours de la révolution, ni lorsqu'elle toucha à sa fin, ni même après qu'elle fut terminée, il ne montra de prédilection marquée pour telle ou telle forme de constitution; et que, chaque fois qu'il en essaya une, il ne l'établit jamais dans sa pureté ni d'une manière conséquente. La première tentative faite en 1791 pour établir la forme constitutionnelle, en offre un exemple frappant. On perdit entièrement de vue le principe fondamental de toute constitution mixte. La bourgeoisie avait conquis des droits politiques, mais elle ne s'en était servi que pour en abuser. Au lieu de laisser intacts, comme en Angleterre, les priviléges nécessaires à l'existence de la monarchie, au lieu de n'invoquer que l'égalité des droits pour se mettre au niveau des classes élevées, elle foula aux pieds les droits de la monarchie et abolit à la fois noblesse, pairie, distinctions héréditaires et priviléges. Mais, tandis que la troisième classe, donnant carrière à ses instincts démocratiques, anéantissait les distinctions et les priviléges, elle prenait une attitude tout aristocratique vis-à-vis d'une quatrième classe à qui elle donnait naissance, classe sans droits politiques et formant une sorte de bourgeoisie passive. Elle se créait à elle-même de nouveaux priviléges. Cette conduite contradictoire aurait pu donner à penser que la bourgeoisie songeait naturellement à s'emparer du pouvoir. Tel n'était pas le cas cependant. Le préambule de la loi constitutionnelle de 1791 consacrait expressément le principe de la souveraineté du peuple et du suffrage universel ; les conséquences d'un ordre de choses essentiellement démocratique se faisaient sentir dans la constitution. En s'attirant ou même en encourageant par sa conduite la haine de son adversaire naturel, la quatrième classe, la bourgeoisie se privait en même temps du secours des classes élevées en exilant la noblesse, en s'aliénant le clergé, en obligeant le roi à prendre la fuite. Ainsi disparut pendant cette courte période, au milieu d'un peuple divisé, la forme constitutionnelle qui, pour arriver à son parfait développement, n'a jamais pu se passer ni de l'aide du temps, ni du concours unanime de tous les membres de la nation. Quant aux autres formes du gouvernement qui furent successivement essayées par la suite, bien qu'elles fussent plus simples, elles se trouvèrent en présence des mêmes inconvénients. Lorsque la quatrième classe eut fait sa révolution, elle obtint pour prix de sa victoire la constitution de 1793, c'est-à-dire la république, le suffrage universel, l'égalité des droits politiques, la souveraineté du peuple ; en un mot, toutes les institutions de la démocratie américaine. Mais, bien loin que ce principe d'individualisme eût pour conséquences naturelles la liberté et l'indépendance gouvernementale de toutes les classes de la nation, comme dans les théories de Rousseau et dans toute démocratie, l'influence prépondérante de la capitale étouffa toute idée de fédéralisme, si toutefois on y avait jamais sérieusement songé. La république le disputa au despotisme en cherchant à centraliser non-seulement le gouvernement mais encore l'administration, et prépara ainsi la voie à l'absolutisme. Bonaparte, ressuscitant le despotisme de Louis XIV, fonda un État militaire, lui donna pour base une nouvelle noblesse féodale et rétablit la monarchie universelle. Conservant avec soin les principes de la révolution et secondant ses mobiles les plus actifs, ce monarque, le plus puissant et le plus absolu des despotes, accueillit et favorisa les tendances égalitaires conformes à l'esprit du peuple, et adopta dans sa législation des termes réellement démocratiques. C'était frayer la route à la démocratie. Si ces vacillations entre des tendances contraires, si ce penchant à tomber dans les extrêmes étaient inhérents au caractère du peuple français, il est juste de dire cependant que les efforts des puissances étrangères n'ont pas peu contribué à le pousser daus cette voie. C'est à sa position isolée que l'Angleterre a dû non-seulement l'augmentation croissante de sa prospérité, mais encore la sagesse de sa constitution, la prudence et la modération de son peuple. Aucune nation du Continent n'a obtenu ces résultats et n'a su en profiter aussi aisément que la nation anglaise. De même qu'au xvi° siècle, la France s'était vue forcée d'établir dans l'État la plus forte unité possible, à cause du redoutable pouvoir de l'Espagne, de même les dangers qui la menacèrent pendant l'époque de la révolution l'obligèrent encore de chercher son salut dans cette unité. Les gouvernements modérés, tels que la monarchie constitutionnelle de Louis XVI et le directoire, se montrèrent deux fois, soit mauvais vouloir, soit incapacité, impuissants à repousser la menaçante confédération des princes européens. Pour réunir d'une manière efficace les forces de la nation entière, il fallut le règne de la terreur inauguré par le comité de salut public ; il fallut plus tard la monarchie universelle et le despotisme militaire pour vaincre avec leurs propres armes les grands États de l'Ouest.

Dès l'époque du consulat, il était à prévoir que l'œuvre de la révolution française, trop rapidement terminée et trop précipitamment détruite, devait être reprise encore pour être menée lentement à son parfait achèvement. Dès son début, la révolution avait créé des institutions qui avaient disparu après quelque temps. Mais les principes salutaires qu'elle avait enseignés n'en demeurèrent pas moins. Ni le grand conquérant qui indemnisa la France de la perte de sa liberté en lui donnant en échange et la puissance et la gloire, ni la Restauration inhabile, ni même les gouvernements plus adroits qui succédèrent n'auraient osé y porter atteinte, car le temps les eût vengés et la liberté, triomphant de ses oppresseurs, eût été restaurée. Toutes les atteintes qu'on portera par la suite à ces principes auront toujours inévitablement pour résultat d'amener des réactions. Bien que les premiers fruits de la révolution, hâtivement produits par elle, fussent tombés avant le temps, il arriva néanmoins que les semences qui les avaient fait naître en France se répandirent au dehors sur le sol étranger. Cette nation semblait donc n'avoir d'autre destinée que de répandre en Europe les semences des fruits qu'elle s'était bornée à recueillir après ses luttes intérieures. Napoléon lui-même, tout en paraissant vouloir détruire en France l'œuvre de la révolution, fit des efforts extraordinaires à l'effet d'en étendre les principes au dehors. Despote au dedans, il se montra au dehors le plus dangereux des révolutionnaires et fut considéré comme tel par les hommes d'État de l'Autriche, alors même qu'il parût désirer avec le plus d'ardeur le retour de la monarchie légitime dans ce pays. Il affermit les principes de la révolution, en choisissant parmi eux pour les répandre et les appliquer avec sagesse et modération les plus solides ainsi que les plus utiles, et en leur donnant la sanction d'un souverain. Comme il savait par expérience combien il est difficile de contenir un peuple déchaîné, il remonta le cours de l'histoire pour adopter une politique suivie trente ou quarante ans auparavant; il arrêta la marche de la révolution et reprit les réformes que les princes avaient commencées au xviiiᵉ siècle et que les événements de l'époque avaient interrompues. Ce fut ainsi que, revenant à une ancienne maxime, il écrivait ces mots dans une lettre à Charles IV: « *Tout pour* le peuple ; *rien par* le peuple. » Ces réformes possédaient maintenant ce qui leur manquait antérieurement, c'est-à-dire la double puissance que leur communiquaient les événements de la révolution et le pouvoir impérial. Il en résulta que dans les pays catholico-romans même, elles triomphèrent de la résistance des classes privilégiées et du peuple, et réussirent, en peu d'années, à introduire dans toutes les parties du monde des changements qui, sans ces deux circonstances, ne s'y seraient opérés qu'au bout de plusieurs siècles. La vieille Espagne rajeunit, et, se débarrassant peu à peu de tous les obstacles qui avaient entravé son développement et qu'elle n'aurait pu vaincre livrée à ses propres forces, elle inaugura un système nouveau. L'Italie, se réveillant après un sommeil de trois cents années, abjura ses préjugés religieux, sortit de son apathie politique et vit s'offrir à elle, plus certaine que jamais, la perspective de son unité nationale à laquelle le pape s'était toujours montré hostile, mais qui, depuis lors, lutte sourdement contre l'autorité pontificale. La médiatisation de plusieurs centaines de petits États de l'Allemagne détruisit d'un seul coup la confédération féodale de cet empire. Cet acte de violence nécessaire, dont on fait peser maintenant la responsabilité sur un étranger et auquel les Allemands ne se seraient pas aisément déterminés d'eux-mêmes, fit pour la première fois surgir en Allemagne l'idée d'établir une plus vaste unité politique.

Depuis lors, les États qui ont dû leur agrandissement à Napoléon, sont devenus le foyer de toutes les agitations politiques qui se sont manifestées dans le pays. Pendant l'administration de Stein, la Prusse se trouva entraînée dans le nombre des États qui introduisaient chez eux d'énergiques réformes que la législation avouait sans détour avoir empruntées à la révolution française. Parmi les pays soumis à la France, les royaumes d'Italie, de Naples, de Westphalie et d'Espagne reçurent de Napoléon des constitutions. Ce ne furent, il est vrai, que des semblants de constitution, mais ils n'en accoutumèrent pas moins le peuple à un certain degré de liberté constitutionnelle, et devinrent même pour quelques-uns une école politique. Tout en se montrant fort circonspect, Napoléon alla donc plus loin que les princes réformateurs du xviiie siècle, qui n'avaient introduit de changements que dans le gouvernement. Ses réformes cependant s'étendirent aussi, et de préférence, au gouvernement ; seulement, elles furent opérées sur une plus vaste échelle.

Grâce à Napoléon, les alliances, l'échange, le commerce, les relations acquirent, dans la grande famille européenne, des proportions inconnues jusqu'alors. Quelque tyrannique et extraordinaire que fût son système de blocus continental, l'industrie de l'Europe n'en reçut pas moins une immense impulsion. Comme il paraît étroit le champ sur lequel s'exerça l'activité de Colbert, quand on le compare aux espaces sans bornes sur lesquels se manifesta l'influence de Napoléon par des créations aussi utiles aux nations qu'aux individus, par l'établissement de canaux, de routes, d'institutions scientifiques et industrielles ! Plus il se montra oppressif dans le gouvernement des États qu'il s'était soumis, plus il chercha à y introduire l'ordre, la simplicité et l'union. Pour les États même les plus anciennement constitués, une armée permanente était une innovation. Des tribunaux publics furent établis dans tout l'ouest de l'Europe, et le principe de l'égalité de tous devant la loi pénétra jusqu'en Pologne avec le code Napoléon. En Russie, on adopta les lois françaises relatives aux droits de la classe moyenne, et, dans ces lointaines régions, on se mit avec ardeur à introduire des améliorations dans les écoles. Le bras puissant de Napoléon porta aux vestiges persistants de la féodalité le coup le plus terrible qui leur avait jamais été porté et dont les effets les atteignirent partout. Dès ce moment, les classes inférieures, considérant pour la première fois cette cause comme la leur, cherchèrent à prolonger la lutte. Nul despote, en effet, ne mérita davantage la haine que lui voua la noblesse féodale de l'Europe. Les immunités des nobles, considérables surtout à Naples et en Espagne, ainsi que le système féodal, qui avait jeté dans ces deux pays ses racines les plus profondes, y reçurent de graves atteintes et furent presque anéantis. En Allemagne, ordres de chevalerie et nobles immédiats disparurent totalement; les abus du clergé furent détruits du même coup.

Ce furent des violence fécondes en résultats heureux que celles qui, en Bavière, ainsi que dans d'autres pays, anéantirent le sombre esprit du catholicisme, qui sécularisèrent les terres de l'Église, qui diminuèrent le nombre des couvents et les abolirent partout où ce fut possible, qui cherchèrent enfin à renverser dans toute l'Allemagne la domination du pouvoir spirituel. La sécularisation des États et des biens ecclésiastiques y porta à la puissance temporelle de l'Église, qui s'était étendue sur un espace d'environ deux mille lieues carrées et sur plus de trois millions d'hommes, un coup bien plus terrible que celui que lui avait porté la Réformation. Bien que, pour la plupart, ces réformes n'aient point abouti, elles sont parvenues néanmoins, grâce à leur énergie et à leur extension, à transformer la société tout entière et à imprimer leur caractère à l'histoire des temps postérieurs.

Les bienfaits et les améliorations que les nations soumises par Napoléon durent à ce monarque ne furent pas les seules causes qui agirent en faveur de la liberté universelle. Ce qui lui fut surtout favorable, ce furent précisément les mesures prises pour y mettre obstacle. Napoléon travailla avec plus de succès et d'habileté qu'aucun de ses prédécesseurs à faire de la France, à une époque où l'on s'y attendait le moins, une monarchie universelle. Sous prétexte de défendre la France, il avait fait, en courant, les plus vastes conquêtes. Sa prédilection pour l'Italie, l'obéissance aveugle de son peuple, la faiblesse de l'Allemagne et de toutes les dynasties, l'exemple des puissances de l'Ouest qui s'étaient partagé la Pologne, le poussant à agrandir son territoire, il donna carrière à son esprit de conquêtes. — La profonde jalousie de la France contre l'Angleterre outra ses vues ambitieuses. Les acquisitions de l'Angleterre dans les Indes orientales et occidentales et la conquête de quelques-unes des places les plus importantes de l'Europe et de l'Afrique l'avaient richement compensée de la perte de ses colonies américaines. Se retranchant sur le terrain constitutionnel et national, elle s'était montrée hostile à la république française, et, s'inspirant des mêmes motifs que ceux qui avaient jadis animé Guillaume III contre Louis XIV, elle se défendit contre les attaques de l'usurpateur victorieux. Afin de maintenir l'équilibre européen, l'Angleterre engagea une lutte devant laquelle s'effaçait, quant aux résultats, l'importance des guerres puniques auxquelles la comparait Napoléon. Pour combattre les insulaires, ce conquérant déploya des forces à côté desquelles semblaient fort mesquines les ressources de Charles-Quint et de Louis XIV ; il eût volontiers fait toutes les concessions possibles à celle des grandes puissances européennes qui, dans ses guerres contre les Anglais, se fut montrée une alliée fidèle et zélée. La haine qu'il avait vouée à ce peuple lui fit vendre aux États-Unis les colonies françaises de l'Amérique du Nord, n'ignorant pas le coup terrible qu'il portait ainsi, pour l'avenir, à sa rivale. Il recourut, pour la soumettre, à un moyen détourné qui consistait à assujettir d'abord l'Europe entière. A cet effet, il usurpa l'empire de l'Ouest et s'empara en Italie de la couronne de fer ; à l'exemple de Charlemagne, il rétablit l'empire séculier, et, comme Charles-Quint, il releva le clergé et la papauté, espérant que l'aide du catholicisme et l'influence du pape lui fourniraient de nouveaux moyens de conquérir le monde. Peu de monarques s'étaient jamais trouvés aussi près de voir se réaliser leurs projets de domination universelle : Napoléon avait presque anéanti la Prusse, entièrement affaibli l'Autriche, fait alliance avec la Russie, détruit ou placé sous sa dépendance la Hollande, l'Italie et l'Allemagne ; il songeait en outre à mettre des princes de sa famille sur les trônes d'Espagne et de Portugal et à se soumettre ainsi les colonies américaines de ces deux pays. Mais ces conquêtes, ces trônes usurpés, ces peuples opprimés qu'il incorporait à sa monarchie ou dont il faisait ses alliés, préparaient des événements qui, précisément à cause de l'excessif accroissement de sa puissance et de son pouvoir despotique devaient être favorables à la cause de la liberté. La soumission aveugle des peuples à la domination du monarque ou leur assujettissement à des dynasties récemment fondées avaient été ébranlés ; le prestige attaché à la couronne s'était évanoui. Un cercle de petites républiques entoura d'abord la France ; elles disparurent, et les nouvelles monarchies qui les remplacèrent furent peut-être plus nuisibles au principe monarchique que ces républiques elles-mêmes. Le démembrement des nations, résultat de la formation des nouveaux États que Napoléon mit sous sa dépendance, en étouffant tout sentiment national, anéantit aussi les traditions et ébranla le monarchisme jusque dans ses fondements. Alors, on vit les princes et les rois ennemis de l'empereur qui les avait déposés, chassés ou proscrits, ses alliés qu'il avait si souvent offensés et opprimés, ses parents qu'il avait traités comme des fonctionnaires révocables selon son caprice, rappeler au monde que les princes après tout ne sont que des mortels ; 1830 et 1848, ont prouvé qu'on s'en était souvenu. Que les temps étaient changés, alors qu'à Erfurt on excluait d'un congrès de souverains le plus ancien des Césars, tandis qu'à côté d'un czar à moitié asiatique, dont la puissance était bien plus neuve, figurait un usurpateur né d'hier qui les surpassait tous en pouvoir et qui devait bientôt tomber lui-même ! Ce ne furent pas les alliances incertaines des princes qui causèrent sa chute : ce furent les efforts réunis des peuples. Napoléon s'était attiré la haine des princes et des nobles ; il s'attira celle des nations en se jouant effrontément de leur indépendance, en les vexant par son système d'occupation militaire et ses impôts, et en témoignant pour leurs intérêts matériels un insouciant mépris. La France, elle-même, était lasse d'une gloire et d'un éclat qu'elle n'achetait qu'au prix des taxes personnelles et foncières les plus lourdes, des conscriptions, des cours prévotales et des *droits réunis* (1). Napoléon s'était flatté, en 1808, de pouvoir enflammer

(1) *Droits réunis,* administration qui, sous l'Empire, percevait les impôts établis sur les boissons, le sel, le tabac, etc.　　　　(*Note du traducteur*).

l'orgueil de toutes les nations contre celui de l'Angleterre; mais celle-ci, au contraire, avait excité les passions de tous les peuples contre l'ambition et l'aveugle insouciance de ce monarque. Le sentiment individuel des nations se souleva contre ce conquérant qui opprimait toute liberté nationale, contre sa politique qui ne visait qu'à les dénationaliser ; et ce soulèvement général prouva d'une manière évidente que les peuples étaient sortis de leur apathie politique. Quand, poussée par les circonstances, l'Espagne prit les armes contre la France, l'Angleterre, qui jusqu'alors n'avait prêté aux cabinets de l'Est qu'une aide faible et lointaine, accourut au secours de la Péninsule, lui apportant ses conseils, son or, ses soldats; et joignant l'exemple au précepte elle apprit aux monarques du Continent quels sont les moyens qui seuls peuvent conserver à une nation son indépendance. Le soulèvement national qui se produisit en Espagne, en Russie et en Allemagne inaugura une ère nouvelle dans les pays situés au delà de la France, à l'époque qui suivit la chute de l'empire français. Des armes démocratiques armèrent les monarques eux-mêmes; la guerre faite au tyran se fit au nom des libertés du peuple, par des armées chez lesquelles était vivace le sentiment politique et national ; et ce fut plutôt en faveur des principes modérés de la révolution, que contre eux, que l'on combattit. Ce changement dans l'esprit du siècle, rendit la fin de la révolution aussi révolutionnaire que son commencement.

A son origine ainsi qu'à sa période finale, la révolution française se signala en tombant dans les plus terribles extrêmes: elle débuta par le règne de la Terreur et se termina par le despotisme militaire de l'Empire. Sous le règne de Napoléon, le peuple français perdit ses libertés, et presque toutes les nations européennes virent disparaître leur indépendance. Mais, ni la puissance, ni la grandeur ne pouvaient compenser la France de la perte de sa liberté; et les institutions libérales dont l'empereur avait gratifié les peuples ne pouvaient leur faire oublier leur ancienne indépendance. Ainsi que Pitt l'avait déjà dit en 1805, le mouvement qui se produisit en Europe, en 1813, était nécessaire pour remettre cette partie du monde dans son état normal et faire cesser une situation devenue intolérable. A cet effet, il fallait profiter des salutaires leçons données par les événements, réparer les nombreux outrages faits à l'indépendance des nations, reconnaître aux peuples leurs droits et leurs libertés en les leur garantissant sincèrement et fidèlement, maintenir enfin un juste milieu entre les deux extrêmes de la souveraineté populaire et du despotisme monarchique. Bien que ces principes répugnassent à sa nature, Napoléon semblait cependant les avoir admis, à son retour de l'île d'Elbe. Il revint annonçant qu'il allait inaugurer, à l'intérieur comme à l'extérieur, une politique nouvelle, qu'il allait, se conformant aux vœux de la nation, décréter une constitution plus libérale et renoncer à ses projets de fonder un vaste empire, le mouvement européen en faveur de la paix et de l'indépendance nationale l'ayant forcé d'interrompre le cours de ses victoires. Son génie avait lutté avec le siècle, et le siècle l'avait vaincu. Esprit supérieur, il avait compris la portée des événements ; les idées nouvelles qu'il avait émises en étaient la preuve. Mais si l'empereur s'était trouvé plus longtemps en possession du trône, son ambition et ses passions l'eussent de nouveau infailliblement entraîné ; la contrainte qu'il s'imposa pendant les Cent-jours n'eut d'autre résultat que de provoquer une méfiance générale parmi les classes instruites de la société. L'exemple de Napoléon, le plus frappant qui se soit jamais produit, prouva une fois de plus que l'on ne doit pas se fier aux réformes des princes, et que la liberté n'est pour les peuples qu'un héritage qu'il leur faut chercher à acquérir et à conserver eux-mêmes. Cette vérité trouva une nouvelle application à l'époque où les puissances alliées, succédant à Napoléon, commencèrent à diriger les affaires de l'Europe. Elles aussi, semblaient, à l'origine, avoir profité des enseignements de l'expérience et désirer rendre la tranquillité au monde, en redoublant de soins pour assurer aux nations leur indépendance ainsi que des libertés modérées. Mais ces enseignements furent bientôt perdus pour elles quand elles se sentirent maîtresses du pouvoir, et leur conduite démentit promptement les bons principes qu'elles semblaient avoir adoptés. Au congrès de Vienne se joua une partie où les puissances européennes mirent pour enjeu les États et les peuples dont elles avaient défendu l'indépendance et qu'elles se partagèrent selon leurs caprices ou selon leurs intérêts. On avait promis à la France, à l'Espagne, à la Pologne, à la Prusse et à tous les États de l'Allemagne des libertés constitutionnelles ; mais, dès que ces nations essayèrent de s'en prévaloir, les libertés furent méconnues et les promesses oubliées.

SECTION V.

—

Transition à l'histoire contemporaine. — Aperçu des mouvements populaires du xix° siècle. — La Russie et sa stabilité. — Faiblesse de la politique conserva- trice. — Force et caractère instinctif des mouvements populaires. — Leur uni- versalité et leur homogénéité. — Leur marche rationnelle. — Leur avenir. — France. — Allemagne.

L'histoire du xix° siècle forme, à partir de cette époque, l'anti- thèse exacte de celle du xviii°, pendant lequel les réformes des princes avaient fait naître dans toute l'Europe un mouvement uniforme. Ce mouvement a pour effet indirect d'achever, d'une manière plus par- faite, dans toutes les contrées de cette partie du monde, l'œuvre entreprise en France par la révolution, qui avait interrompu ces ré- formes. Dans toute l'Europe, et en Amérique même, ont lieu des révolutions qui tantôt triomphent et tantôt sont réprimées, qui par- fois rétrogradent mais reprennent bientôt leur marche progressive. Les changements qui s'opèrent ne sont plus l'œuvre des ministres et des princes, mais le résultat des mouvements populaires. Les réac- tions, qui naissaient autrefois du sein du peuple, sont maintenant provoquées par les princes. Ces mouvements se produisent dans deux sens: à l'intérieur, ils ont pour but l'établissement d'institu- tions plus libérales; à l'extérieur, ils tendent à faire reconnaître l'in- dépendance des peuples et des races, conformément à une division politique basée sur la différence des nationalités et des idiomes. Pendant l'empire universel de Napoléon, les peuples ont fait une double et cruelle expérience. Ils ont vu ce monarque, supprimant toute liberté au dedans, anéantir toute indépendance nationale au dehors. Le siècle s'en ressent encore si vivement, que tous les grands événements de ces dix dernières années ne semblent avoir pour but que de détruire les effets de ces tentatives, ou d'en prévenir à tout jamais le retour. Les mouvements populaires de l'époque se pro- duisent sous la double influence des deux grands événements des vingt-cinq dernières années: sous l'influence de la révolution française et de ses efforts pour l'émancipation intérieure des peuples ; sous l'influence des guerres de liberté et de leurs tendances vers la séparation nationale des peuples et leur indépendance extérieure.

Les guerres d'indépendance qui renversèrent la puissance de Napoléon, et spécialement celles qui eurent pour théâtre l'Espagne et l'Allemagne, inaugurent la période pendant laquelle se réveillent chez toutes les nations, sauf la France, la conscience politique et le sentiment national. Dans ces deux pays, le peuple espérait obtenir la liberté au dedans, en conquérant son indépendance au dehors. Il avait pris les armes pour venger les princes outragés, croyant que ceux-ci, reconnaissants, détruiraient (ainsi que Jovellanos (1) l'écrivait à Sébastiani) les anciens abus, source de tous ses malheurs. En même temps que la guerre de l'indépendance espagnole, eut lieu la révolte des colonies américaines du Sud. Les révoltés ne luttèrent d'abord que pour délivrer leur pays de l'horrible oppression sous laquelle il gémissait ; mais la résistance intempestive de la Junte centrale de 1811 les contraignit à une première déclaration d'indépendance (manifeste de Vénézuela) dans laquelle, comme les Américains du Nord, ils en appelaient à l'esprit du siècle et justifiaient leur séparation en alléguant l'égalité naturelle des hommes.

Entraînée par l'exemple des Américains combattant pour leur indépendance, l'armée expéditionnaire de Cadix se souleva en 1820 en faveur des institutions populaires, et se prononça contre le trône que la nation avait rétabli au prix des plus grands sacrifices. Telle fut l'origine des révolutions qui, en dépit d'obstacles nombreux, ne cessèrent de bouleverser l'Espagne. Grâce à elles, ce pays, depuis si longtemps victime des funestes conséquences du système féodal et du despotisme des princes, a pu devenir accessible à un nouvel ordre de choses. A l'exception de la France, toutes les nations romanes du Sud, le Portugal, le royaume de Naples, le Piémont, se ressentirent du mouvement qui agitait l'époque. Mais l'Italie dut céder devant l'Autriche et la Russie réunies ; la France, elle-même, subit à tel

(1) Jovellanos (don Gaspard Melchior de), homme d'État espagnol, né en 1749, conseiller de Charles III. Il fut disgrâcié après la mort de ce prince pour avoir voulu imposer le clergé. Il périt en 1812 dans une émeute. Il a laissé des poésies lyriques, des mémoires, des discours, etc.

(*Note du traducteur*).

point l'ascendant de ces deux puissances, qu'elle fut contrainte de réprimer la révolution espagnole.

Le mouvement qui s'était produit en Espagne, entre autres résultats, avait eu celui d'amener l'insurrection de la Grèce. Depuis longtemps, du reste, les progrès matériels et intellectuels de ce pays, la politique astucieuse de la France et les intrigues de la Russie, l'avaient préparé à la révolte. Les commotions qui agitaient universellement l'Europe ne firent que hâter la crise. Ce fut alors que les forces physiques d'une nation peu civilisée, soutenues par les sympathies philanthropiques et chrétiennes de l'Europe entière, parvinrent à triompher de la diplomatie. L'avantage qu'elles remportèrent, quoique tardif et de peu d'importance, leur permit néanmoins de déjouer les intrigues qu'elle avait si bien concertées jusqu'alors et que ces événements ainsi que ceux de Portugal mirent pour la première fois en désarroi. La question grecque, comme l'Autriche l'avait admirablement compris dès l'abord, tendait à faire sortir l'Europe de la torpeur politique où l'avait plongée l'épuisement résultant des grands mouvements des dernières années. Elle eut la plus grande influence sur la situation politique des divers États européens et surtout sur celle de la France. Sans l'impulsion communiquée par les événements de la Grèce, la révolution de 1830 n'eût que difficilement produit les grands résultats en présence desquels l'alliance des princes de l'Est commença à désespérer de parvenir à étouffer tout sentiment national, ce à quoi elle travaillait avec tant de succès depuis quinze années.

La révolution de juillet inaugura une ère riche en espérances. Elle rompit le charme dont la politique russe et la politique autrichienne s'étaient servies jusqu'alors pour assoupir l'Europe. L'expédition des Français en Espagne, les projets réactionnaires de l'Autriche, dont les effets devaient s'étendre jusqu'en Amérique, l'entente de la Russie avec la politique des Bourbons, toutes ces circonstances attirèrent l'attention de l'Angleterre, qui mit un frein aux progrès de la réaction. La France reconquit à l'extérieur son indépendance, renoua ses alliances naturelles, et revint à l'intérieur aux principes proclamés par la révolution, qu'elle avait abandonnés. L'insurrection de juillet donna l'impulsion aux nouveaux événements qui rajeunirent l'Espagne. Elle occasionna le reform-bill en Angleterre, démocratisa la Suisse, amena la séparation de la Belgique et de la Hollande et fit éclater une révolution en Pologne. En Allemagne, le caractère du peuple, le fractionnement en petits États, le voisinage menaçant de l'alliance des princes de l'Est rendaient tout soulèvement impossible. On y vit néanmoins s'opérer quelques rapides réformes dans les États où le sentiment moral du peuple, plutôt que son sentiment politique, avait été blessé par des princes ou des gouvernements corrompus.

Au milieu de cette agitation universelle, les États de l'Europe tendent de toutes parts à conquérir leur liberté intérieure ou leur indépendance nationale, et, la plupart du temps, ces deux avantages à la fois. Cette tendance des peuples à conquérir la liberté en même temps que l'indépendance nationale se fait sentir partout; et, chose remarquable, elle se retrouve même dans la marche paisible des affaires publiques de cette époque. L'Amérique du Sud se décompose en petits États ; la Turquie perd, les unes après les autres, ses provinces les plus importantes, lesquelles acquièrent une existence indépendante. L'Égypte et la Syrie cherchent, à la manière orientale, à proclamer leur indépendance. Le vieil esprit basque se réveille en Espagne, et le vieil esprit sicilien, en Italie. L'Irlande invoque le *repeal* (1), et le Schleswig-Holstein, sa liberté nationale. La Hongrie s'éveille à la vie politique; les Esclavons, les Illyriens et les Bohêmes, en Autriche, de même que les Polonais, à Posen, fomentent de nouvelles agitations. Dans la partie non germanique de l'Autriche, les mouvements, qui ailleurs n'étaient hostiles qu'au système de gouvernement, aboutissent à une séparation politique. Contrairement aux tendances cosmopolites de l'époque, qui cherchaient à abolir toute distinction de nationalité, les diverses races s'efforcent partout de se séparer d'après leurs idiomes et leurs coutumes. Elles tentent de secouer la domination étrangère et de se donner une existence propre, favorable à leur indépendance. Les faits mêmes qui semblent en contradiction avec l'esprit de l'histoire des temps modernes s'expliquent aisément, si on ne les considère que comme autant de manifestations différentes de ce même esprit. Tandis que les États qu'on a réunis en confédération se détachent les uns des autres, les États que le lien fédéral n'unit pas étroitement cherchent

(1) *Repeal.* Ce mot, devenu un véritable cri de guerre dans la bouche des Irlandais, sert à indiquer le rapport ou la dissolution législative entre l'Irlande et l'Angleterre, existant depuis 1801.

à resserrer ce lien. La même loi semble et entraîner les uns à briser le lien anormal qui les unit, et amener la réunion des autres que séparent des distinctions anormales.

La Suisse, en 1830, avait fait de vains efforts pour acquérir une unité plus grande. Les événements amenés par la révolution de Paris, en février 1848, lui donnèrent soudain cette unité tant désirée. L'Allemagne et l'Italie, obéissant à l'impulsion des mouvements qui avaient eu lieu en France, tentèrent pour la première fois de se donner une unité nationale, mais leurs efforts demeurèrent infructueux. La nouveauté et la grandeur de leurs tentatives le disputent en importance aux résultats des événements de Paris en 1848. En effet, deux des États de l'Est, appartenant à la Sainte-Alliance, furent ébranlés jusque dans leurs fondements par le choc révolutionnaire qui les atteignit alors pour la première fois. L'un d'eux fut même sur le point de perdre ses possessions d'Italie et de Hongrie.

Dans les trois États du Sud qui donnèrent la plus grande impulsion aux événements des premiers siècles des temps modernes, le succès de la révolution qui s'opéra dans chacun d'eux dépendit de leur faiblesse intérieure. Ce fut ainsi qu'en Espagne les colonies réussirent à se déclarer indépendantes. La Turquie éprouva des pertes de peu d'importance, et les tentatives faites pour démembrer l'Autriche demeurèrent sans résultat. Malgré ces échecs, au Sud-Est comme au Nord-Est, un champ nouveau restera ouvert à l'histoire des mouvements populaires de ce siècle. Sur ce champ les peuples ont depuis longtemps déjà donné carrière à leur activité. Ils y ont porté un coup terrible au principe monarchique là même où il se croyait le plus en sûreté. Si l'atteinte qu'il a reçue a été si funeste, c'est l'attitude de la monarchie vis-à-vis du mouvement qui en est la cause, et non le mouvement lui-même. En France, foyer des agitations européennes, un monarque, le quatrième dans un espace de soixante années, avait été précipité de son trône et la monarchie avait été renversée. La république avait été rétablie et avec elle étaient revenus les principes les plus rigoureux de la révolution. Les esprits excités méditaient des théories et des réformes plus audacieuses encore, qui conduisirent à une réaction que bien peu de gens avaient prévue. Mais l'avenir est demeuré une énigme que beaucoup désespèrent de résoudre. Les hommes en attendent l'explication, et, selon leurs penchants et leurs passions, cherchent dans des voies entièrement opposées à en donner des solutions qui toutes se contredisent.

Considérés sous un seul point de vue, ces mouvements et leurs résultats semblaient devoir échouer devant l'ordre et la stabilité des institutions existantes. Chez les nations romanes du Sud-Ouest de l'Europe où ils avaient donné naissance à des institutions plus libérales, on pouvait, en Espagne par exemple, mettre en doute la bienfaisante influence de ces dernières, en Portugal, même leurs chances de durée. En France, le révolution de Juillet n'a pas produit des libertés purement constitutionnelles, et celle de Février a moins encore conduit à la liberté républicaine. Ces mouvements, loin d'établir de toutes parts l'indépendance des nationalités, n'eurent pour résultat que la séparation des colonies espagnoles, l'affranchissement de la Belgique et de la Grèce. Ces résultats étaient dus aux victoires remportées par les nations précisément les plus faibles. Ils doivent être attribués non aux efforts des peuples affranchis eux-mêmes, mais plutôt aux avantages de leur situation politique et à l'intérêt que ces mouvements avaient su inspirer à des États puissants, entre autres, à l'Angleterre. Du reste, comme pour balancer ces succès, la Hongrie, la Pologne, la Sicile, la Lombardie et le Schleswig-Holstein ont été de nouveau asservis; la République a succombé en France; et les tentatives faites pour donner l'unité à l'Allemagne et à l'Italie n'ont pas abouti. Les princes de l'Est ont triomphé des tendances révolutionnaires qui se sont manifestées dans leurs États. Le triumvirat que forment ces États étroitement unis, en faveur desquels s'est opéré le partage de la Pologne, a adopté une politique hostile au peuple. Ces trois puissances sont résolues à éviter les difficultés qui pourraient résulter à l'extérieur du froissement de leurs intérêts mutuels et à faire taire leur jalousie réciproque. Ce triumvirat semble dépasser de beaucoup en force et en importance le triumvirat de l'Ouest, rêvé par Fox, qui dépourvu de tout lien solide est formé de trois États rivaux en puissance et en industrie. Deux d'entre eux possèdent des constitutions entièrement opposées; le troisième hésite sans cesse entre diverses formes de gouvernement. La Russie est l'une des puissances qui forment l'alliance de l'Est. Elle possède l'empire le plus étendu de deux parties du monde; sa nationalité est encore intacte, et elle n'a jamais ressenti la moindre atteinte des secousses qui ont ébranlé l'Europe.

Elle s'est récemment attaché l'Autriche en lui portant secours contre la Hongrie révoltée, et depuis qu'elle a hérité de l'empire universel de Napoléon, elle a toujours tenu la Prusse sous sa dépendance. Échouant dans son projet de faire de la France l'arbitre puissant des destinées du monde, Napoléon semble avoir légué ces destinées à la Russie pour contrebalancer en quelque sorte la bienfaisante influence des institutions dont il a gratifié l'Europe. A la paix de Tilsitt, il acheta l'amitié du chef de ce puissant empire en lui cédant la Finlande, et pour autant qu'il en pût disposer, les Principautés danubiennes, et s'en servit sur le continent pour l'opposer à l'Angleterre. Pour lui complaire, il laissa la Pologne démembrée; et sourd aux conseils de Talleyrand qui l'engageait à accroître les possessions de l'Autriche sur le Danube, afin de tenir en échec la Russie, il encouragea la présomption de cet État déjà trop puissant, et donna à son pouvoir et à son influence des proportions énormes, tandis que son propre empire s'écroulait de toutes parts. A cette époque, comme à toutes les grandes périodes de son histoire antérieure, la Russie vit le succès couronner ses entreprises. Fondé par Pierre-le-Grand à une époque où la France, à peine au faîte de la grandeur en était bientôt rapidement tombée, l'empire russe, sous Catherine II, avait acquis soudain une puissance colossale. Il la devait au premier démembrement de la Pologne et aux premières guerres avec la Turquie, alors que l'Angleterre commençait à augmenter ses possessions dans les Indes orientales et se trouvait engagée bientôt après dans une guerre qui lui coûta la perte de l'Amérique. Le dernier partage de la Pologne contribua encore à augmenter sa puissance. C'était l'époque où la France faisait triompher partout ses armes républicaines, jusqu'au moment où elle trouvait dans la Russie le premier adversaire capable de lui tenir tête. La puissance de la monarchie russe atteignit enfin son apogée sous Napoléon qui la favorisa quand son grand empire pouvait encore lui servir de contre-poids. Mais cet empire s'écroula bientôt, et l'on doit principalement en attribuer sa chute à la résistance et aux efforts de la Russie. Comme on le voit, à chacune des quatre époques du développement de la puissance russe, l'Angleterre et la France, les seuls États qui réunis, eussent pu y mettre obstacle se trouvèrent engagés dans les luttes les plus acharnées. En France, la royauté puissante ou faible, la République et les Jacobins, le despotisme impérial même, en ne songeant à combattre que leur ennemi naturel, avaient également favorisé les plans de leurs autres ennemis. A voir la domination universelle qui aujourd'hui s'élève menaçante du côté de la Russie, entravant la liberté et la civilisation, il semble que ce nouvel obstacle aux progrès de la liberté ait pour destinée de les préserver de toute précipitation. La situation paraît d'autant plus périlleuse, qu'elle n'est plus déterminée par les nations catholico-romanes, chez lesquelles l'esprit germanique a de plus en plus pénétré, mais par les nations slaves, appartenant à la communion grecque, qui se montrent hostiles à la civilisation et à la religion de toutes les races européennes. Ces masses encore barbares habitent des régions inhospitalières qui éloignent l'homme plutôt qu'elles ne l'engagent à s'y établir. Ces masses qu'un despote ou un conquérant peut seul conduire n'admettent qu'une religion. Leur maître, le Czar, possède la terrible puissance que donnent le pouvoir temporel et le pouvoir spirituel réunis dans une seule main, puissance si ambitionnée par tous les monarques qui, à l'Ouest, essayèrent d'établir un empire universel. Mais ce qui rend le danger plus grave encore, c'est qu'une littérature et un système de politique, s'inspirant du *panslavisme* (1), entretiennent chez ces races un sentiment d'hostilité à l'égard de l'Europe, des tendances à former une vaste communauté, et la croyance que leur mission est de rajeunir dans le monde entier une société décrépite. Ce qui n'est en réalité qu'une lutte de principes menace donc de devenir une grande guerre de races. Mais tels ne sont pas les seuls auxiliaires au moyen desquels la Russie espère étendre son empire. Elle est encore puissamment secondée dans ses projets d'agrandissement par sa position géographique, son gouvernement, le caractère de son peuple et sa religion. S'il se présentait à elle une occasion favorable d'engloutir la Turquie, cette précieuse conquête lui donnerait pour protéger ses derrières le plus grand des empires du Continent qui ait besoin d'être régénéré. Elle acquerrait en outre par là une puissance énorme dont tous les éléments étroitement unis lui permettraient d'étendre sa domination

---

(1) Système politique de la Russie, tendant à rattacher à son empire tous les peuples slaves.

(Note du traducteur).

avec plus de succès et de solidité que ne le purent jamais l'Espagne et l'Angleterre dans leurs colonies.

Mais ce qui doit nous rassurer en présence de ce danger, ce sont les exemples que nous offrent l'histoire des temps passés et celle des temps modernes. Ce qu'un homme comme Napoléon n'a pu obtenir en France, avec l'aide des Français et le concours de la moitié de l'Europe, doit être chose plus difficile pour la Russie. On doit moins s'attendre encore à voir l'Autriche, vaste assemblage de nations différentes, tenter de nouveau, au moyen de ses fonctionnaires et de ses subalternes, le système du *dépayser*, ou essayer d'établir soit un État fédératif, soit un grand empire central. Ce système, ni les monarques, ni les guerriers, ni les hommes d'État les plus habiles ne parvinrent jamais à l'appliquer aux éléments même les plus homogènes. On le vit échouer en Autriche sous le gouvernement libéral de Joseph, et la puissance de Napoléon secondée par la douce influence de Joséphine ne parvint pas davantage à le réaliser. Un empire universel ne peut s'établir que sur les débris d'États en ruines et quand les forces du peuple sont complétement épuisées. Sous ce rapport, on pourrait aisément se faire illusion sur l'âge de l'Europe et la prétendue décadence de sa civilisation. Cette partie du monde dans laquelle on voit surgir de temps à autre des forces toujours plus puissantes, plus neuves et plus saines, rajeunit et se retrempe, grâce aux efforts alternatifs des éléments qui s'agitent dans son sein. Mais, considérée dans son ensemble, elle est loin d'être arrivée à l'apogée de son développement politique. Jusqu'à présent les fruits de la civilisation, l'éducation politique et la culture intellectuelle, l'activité commerciale et la richesse, loin de créer en Europe le luxe et la vénalité, ont été au contraire une source de puissance et ont produit le sentiment national. Aussi longtemps que l'excès du mal ou de la faiblesse ne viendra pas les détruire, ces précieux avantages ne pourront être ravis aux peuples européens que par des races luttant contre eux sur un terrain égal, en disposant des mêmes avantages et des mêmes éléments de puissance. Les races slaves, celles mêmes le mieux douées, sont loin de se trouver dans de semblables conditions. La Bohême tenta, avant l'Allemagne, une réforme religieuse, mais elle succomba dans la lutte qu'elle eut à soutenir contre un peuple dont la civilisation était plus avancée. Les Polonais, à une époque où les circonstances étaient extrêmement favorables, consultèrent Calvin au sujet de la réforme qu'ils voulaient introduire dans l'Église, mais le zèle de la noblesse, et la sincérité même des vœux de la nation entière devinrent bientôt suspects à ce réformateur. Les Bohêmes eurent aussi leur révolution et cherchèrent à se rendre indépendants de l'Autriche; mais ce fut sans succès. De même qu'ils avaient consulté Calvin relativement à leur réforme religieuse, les Polonais s'adressèrent à Rousseau au sujet de leur réforme politique. C'était à une époque où aucune puissance n'eût contrarié leurs projets; mais ils en retardèrent l'exécution, et avant qu'ils eussent pu leur donner suite, la révolution française vint fournir le prétexte au plus honteux des crimes politiques. Ces diverses tentatives n'avaient qu'une bien faible importance, et cependant la Russie a moins fait encore. Jamais, dans ce pays, on n'a osé hautement manifester le besoin de liberté religieuse ou de progrès. Jamais la noblesse n'a tenté de donner à l'État une forme aristocratique. Jamais l'esprit de la nation ni l'esprit local n'a été favorable au développement de la classe bourgeoise et de la classe industrielle. L'État conserve encore la forme du despotisme oriental. Si la question de civiliser l'Orient doit jamais être soulevée, il est peu probable que ce soit la Russie qui fraye la route à la civilisation; celle-ci devra d'abord commencer par se faire jour dans ce pays. Mais l'expérience ne confirme pas les résultats qu'auraient dû produire l'influence de la Russie et son attitude hostile à la cause de la liberté. L'alliance des princes de l'Est se tient sur la défensive vis-à-vis des mouvements de liberté; or, en histoire, les seuls agents actifs sont ceux qui prennent l'offensive. La ligue réactionnaire qui s'est formée en 1814, bien que victorieuse et entraînant l'Europe entière à sa suite, n'a pas osé anéantir en France tous les fruits de la révolution. Plus tard, de 1820 à 1830, quand elle eut les Bourbons pour alliés et les forces de la France pour auxiliaires, elle prit une attitude aggressive. Mais, en lui montrant les forces populaires que l'Angleterre pouvait réunir sous la bannière de ses libertés, Canning ébranla son audace, et les trois jours de Juillet 1830 suffirent pour démontrer la vanité de ses tentatives. Les institutions que venait de se donner le peuple français ne furent plus cette fois en butte aux attaques des puissances étrangères, et les prétendants absolutistes, dans la Péninsule pyrénéenne, n'eurent plus que leur or pour auxiliaire.

Ce ne fut qu'après avoir entraîné de nouveau la France dans leur alliance, que les princes confédérés se crurent assez hardis pour tenter en 1848 une attaque contre la Suisse ; mais la révolution de Février les refoula épouvantés derrière leurs lignes de défense. La révolution reparut alors en France ramenant avec elle les formes austères de la république.

Cette nation, l'expérience le prouve, a donné à l'Europe l'exemple d'agitations sans cesse renaissantes, et leur a toujours communiqué l'impulsion. Mais, bien qu'attaquées jusque dans leurs foyers, aucune des puissances n'osa jamais user de représailles à son égard.

La politique de dynastie possède le précieux avantage de pouvoir profiter des situations politiques, de savoir en calculer la portée et en surmonter les difficultés. Voilà ce que les masses soulevées ne peuvent comprendre et ce qui rend si souvent leurs efforts infructueux. Toutefois, chacun des mouvements populaires de ce siècle a fait faire un progrès à la liberté, progrès dont la réaction a toujours été impuissante à détruire les effets. Les pouvoirs conservateurs observent d'un œil vigilant le relâchement des esprits et en profitent pour remporter des avantages qu'ils peuvent conserver des années, mais qu'un seul jour d'agitation populaire peut aussi leur faire perdre.

Ce contraste entre l'Est et l'Ouest, entre des principes politiques hostiles au peuple et d'autres qui lui sont favorables, est devenu grâce à ces collisions perpétuelles si frappant et si notoire, que tout semble annoncer qu'une grande crise est proche. Napoléon avait prédit que le retour des Bourbons et l'attitude hostile à la liberté, prise par les puissances, remettrait en question le sort des rois et des peuples, et qu'il suffirait d'une étincelle pour causer de nouveau un embrasement général. Il a apprécié en deux mots, qui semblent renfermer une contradiction choquante et qui sont devenus populaires, le caractère et l'importance de la lutte (1). Après cet examen approfondi de la question, il semble que la stabilité elle-même considère sa cause comme perdue. Ce qui le prouve, c'est non-seulement l'attitude du parti conservateur qui s'est mis sur la défensive, mais c'est encore l'aveu fait par les apologistes même de sa politique, par les

____

(1) « Dans cinquante ans, l'Europe sera ou républicaine ou cosaque. »

instigateurs de la lutte. Ceux-ci en effet, déjà en 1827, avouaient avoir appris de l'histoire, qu'en dépit de la grandeur et des forces de leurs chefs, et malgré des succès isolés, ils devaient renoncer désormais à l'espoir de vaincre l'esprit du siècle, car il n'est pas d'habileté et de pouvoir qui puissent entraver la marche du monde. Les principaux acteurs de ce drame continuaient à lutter, convaincus que la durée du combat n'excèderait pas celle de leur existence. Leur résistance est dépendante de l'existence de certains individus et du hasard d'une vie fragile, et tout au plus de l'union de certains États déchirés intérieurement par l'antagonisme perpétuel de leurs intérêts. Mais d'autre part, les forces vitales du peuple subsistent sans jamais être affaiblies: le caractère progressif de l'histoire demeure inaltérable. — Aussi, les peuples marchent-ils vers le même but, sans devoir pour l'atteindre, former une confédération. Les masses par leurs efforts puissants ne font que se rapprocher davantage de ce but. Qu'elles se gardent de se hâter: si le moment présent est rempli de dangers pour elles, le temps restera toujours leur plus sûr allié.

Les mouvements de ce siècle procèdent de l'instinct des masses; ils ont un but commun et homogène; leur marche est conforme à une même loi. Telles sont les trois particularités qui leur donnent leur force et qui prouvent leur conformité à la nature, en même temps que leur puissance irrésistible.

Les masses communiquent l'impulsion aux mouvements du siècle. Ce qui donne à l'histoire de notre époque un caractère tout particulier, c'est que l'individu, qu'il soit assis sur le trône ou s'efface dans la vie privée, fait à peine sentir son influence. Depuis Napoléon, aucun génie réellement supérieur qui ait attiré les regards des contemporains, aucun caractère réellement remarquable qui ait embrassé la cause du peuple ou se soit porté le champion des luttes de l'époque. L'histoire parle de généraux qui ont hérité de quelques-unes des grandes qualités de Bonaparte, mais ce qui faisait le propre du génie de cet homme est toujours demeuré inimitable. La mort a moissonné en Angleterre et en Amérique les grands hommes d'État qui furent ses contemporains, et leurs successenrs sont bien loin d'atteindre leur mérite. La littérature et la science ont produit de nos jours quelques hommes célèbres, mais c'est le siècle passé qui les a vus naître et qui a formé leurs talents. Quant aux arts mécaniques, notre siècle peut certes revendiquer la gloire d'avoir employé la vapeur et d'en avoir multiplié l'application ; il faut néanmoins reconnaître que c'est pendant le siècle passé qu'ont été faits les premiers et les principaux efforts pour utiliser ce puissant moteur. Si le nombre des inventions nouvelles est fort restreint, les avantages obtenus grâce à des découvertes déjà anciennes sont innombrables. De nos jours, l'histoire n'est pas revêtue de ce caractère particulier que lui impriment les hommes célèbres. Les petites commotions qui remuent fréquemment la société sont dépourvues de la terrible énergie des forces puissantes et actives de la première révolution française. Les guerres, bien que nombreuses, produisent à peine une bataille mémorable, ou un homme dont le talent ait pu attirer l'attention. Malgré les diverses commotions qui l'ont ébranlée, notre époque comparée à celle de Napoléon n'offre que le spectacle d'un grand épuisement ou d'une fatigue générale qui semblent la conséquence naturelle des efforts et des agitations trop violentes du passé.

Mis en parallèle avec le xviii° siècle, abstraction faite même des événements de la révolution française, notre siècle est pauvre de grands hommes. Son histoire ne contient pas, comme celle du siècle passé, le récit éclatant de la vie et des actions de personnages éminents, de princes, d'hommes d'État, de guerriers et d'écrivains. Mais c'est précisément cette particularité qui rend notre époque si remarquable à un autre point de vue. L'histoire des siècles passés, en effet, a chèrement payé l'intérêt qu'elle excite ; car elle le doit à l'inaction du peuple, lequel s'effaçait complétement derrière quelques grandes figures et n'était pour les hommes qui dominaient l'époque qu'un instrument destiné à servir leurs projets. De nos jours, au contraire, comme au xvi° siècle, les peuples se meuvent en masses et le mouvement agite toutes les classes et toutes les couches de la société. C'est là ce qui donne à notre époque son caractère de grandeur. Les natures supérieures forment aujourd'hui l'exception ; mais le nombre des natures heureusement douées, quoique d'un rang secondaire, est d'autant plus considérable. Ce qui fait la gloire de notre siècle, ce n'est pas la qualité, le haut degré de culture de quelques hommes, mais c'est la quantité ; c'est l'extension et la diffusion des lumières parmi le grand nombre.

Depuis longtemps l'individu n'a rien produit de grand ou de sublime ; mais il s'est opéré un vaste et sublime changement dans la vie publique. L'histoire de ce siècle, en effet, n'a plus seulement à raconter la vie des princes, mais elle a encore à faire la biographie des peuples. Les mouvements qui se produisent dans toute l'Europe chez les masses, sont lents et dépourvus d'ensemble, leurs progrès sont marqués d'interruptions et d'obstacles précisément à cause de la nature hétérogène de chacune de ces grandes masses. Mais tous ces mouvements ne sont que des apprêts pour l'avenir ; et, si les résultats actuels sont de nature à décourager les âmes ardentes et impatientes,tel est l'attrait des promesses du siècle, telle est leur certitude, que les plus découragés se relèvent à la pensée, que c'est un avantage d'avoir vécu à notre époque.

Si notre siècle ne se distingue ni par de profondes recherches, ni par une haute culture intellectuelle, il faut toutefois reconnaître que la civilisation, s'étendant de plus en plus, améliore la condition matérielle de l'humanité. Ce que de nos jours les sciences pratiques et les arts mécaniques ont produit d'extraordinaire, grâce aux forces et aux essais combinés d'un grand nombre d'individus, a eu pour effet de faire participer de plus en plus les masses aux bienfaits de la civilisation.

Telle avait été également la conséquence des événements et des importantes découvertes du xve et du xvie siècles. La connaissance plus exacte des principes de l'astronomie et de la géologie a permis de circonscrire dans des limites de jour en jour plus étroites le domaine de la superstition et de l'ignorance, ainsi que l'a fait autrefois la Réforme. Les machines à vapeur, les chemins de fer et les télégraphes, de même que jadis l'art de l'imprimerie et les perfectionnements introduits dans la navigation, ont répandu le progrès partout et avec plus de rapidité, en renversant les obstacles que le temps et les distances avaient jusqu'alors opposés à la civilisation universelle. Jamais les rapports entre les diverses parties du monde n'ont été plus complets qu'aujourd'hui ; jamais les moyens d'échange et de communication n'ont été plus variés, plus rapides et plus nombreux. Jamais les connaissances ne se sont plus propagées, l'accès de l'instruction n'a été aussi facile, l'activité aussi générale. Jamais le bien-être, le confort, les jouissances et les commodités de la vie n'ont été plus universellement répandus, ni plus universellement convoités. L'activité qui se manifeste dans tous les rapports de la vie privée s'est également fait sentir dans la vie publique, et les masses commencent à acquérir une certaine influence politique. Avec cette confiance qui leur est instinctive, et dédaignant toute théorie, elles formulent leurs réclamations selon leurs intérêts et leurs besoins. Elles persistent dans ces réclamations avec cette conséquence qui résulte d'intérêts bien entendus, sans se laisser déconcerter par la résistance ou les succès passagers de leurs adversaires. Ces réclamations tendent à obtenir que l'État s'occupe désormais du bien-être.du grand nombre, au lieu d'étendre sa sollicitude sur quelques-uns seulement. Elles sont fondées sur une vérité qui devient pour les esprits clairvoyants de jour en jour plus manifeste, et plus menaçante pour ceux qui n'en veulent pas tenir compte. Cette vérité, déjà prêchée par les premiers apôtres des doctrines politiques du calvinisme, proclame qu'il peut y avoir des États sans prince, mais jamais d'État sans peuple.

Ces réclamations sont communes à tous les-peuples, et les mouvements tendent partout au même but. Ce n'est pas qu'il doive en résulter partout la même forme de gouvernement, mais tous procèdent de la même idée politique. La conception étroite de l'État chez les anciens, quelque regret que puisse en concevoir celui qui connaît l'histoire, est devenue complétement irréalisable en présence de l'État idéal fondé en Amérique. Personne ne croira possible que les institutions exclusives du peuple anglais puissent jamais être établies sur le Continent, et chacun reconnaîtra cependant que les idées démocratiques qui remuent le monde pénètrent peu à peu en Angleterre. L'individualisme, ce sentiment que tout individu a de sa personnalité, est devenu trop puissant parmi les hommes pour ne pas diminuer le respect des institutions, détruire les corps privilégiés qui constituent dans l'État de véritables États, pour ne pas abolir enfin toutes les distinctions de caste ou de rang. Les efforts faits pour introduire l'égalité dans toutes les relations de la vie et pour rendre l'homme indépendant de son semblable, ont donc nécessairement pour base ce sentiment individuel. Mais quand l'égalité politique ne signifie pas la commune sujétion de tous au despotisme, elle entraîne avec elle l'idée de la souveraineté de la volonté populaire exprimée par la majorité. Elle suppose alors un gouvernement basé non pas sur la fable ridicule d'un droit divin, mais sur la nécessité, une législation dictée par les besoins de la société et ratifiée par le consentement unanime de la communauté. Grâce à ces idées, à ces formes et à ces institutions populaires, tout de nos jours tend d'une manière irrésistible à donner satisfaction à l'intérêt général et à favoriser le progrès. Il semble que le destin, prêtant indirectement son concours puissant, cherche à donner à une idée historique une forme et un corps.

Les luttes de ce siècle sont favorables à une quatrième classe qui fait tous ses efforts pour acquérir de l'influence. La question importante est maintenant de savoir si ces efforts ne sont que temporaires et suscités prématurément par quelques hommes qui ne cherchent qu'à satisfaire leurs intérêts égoïstes, ou s'ils proviennent d'un décret providentiel devant lequel il est sage de s'incliner.

A peine établi, au xiie et au xiiie siècle, le pouvoir de l'aristocratie chevaleresque trouva un adversaire dans la bourgeoisie de certaines villes ou de villes confédérés, adversaire qui n'obtint que des succès variés. Il fallait encore des siècles avant que la bourgeoisie pût être admise à faire valoir son influence politique dans les plus grands États. Elle n'a pas obtenu partout ce résultat, et déjà sa rivale naturelle s'élève contre elle, ainsi qu'elle s'était soulevée elle-même autrefois contre la noblesse. La quatrième classe cherche à se placer au niveau de la troisième, afin de s'unir à elle pour secouer le joug des classes élévées et renverser même le pouvoir du prince. Ces mouvements ne seront-ils que momentanés, de même que le soulèvement des cités au xiiie siècle, la Jacquerie ou la guerre des Paysans? Faudra-t-il plusieurs siècles à la quatrième classe, comme il en fallut autrefois à la bourgeoisie, pour augmenter son influence politique et faire reconnaître ses droits? Les mouvements qui se produisent aujourd'hui n'ont pas, ainsi que ceux que nous venons de mentionner, l'oppression ou la misère pour cause, mais ils sont la conséquence d'une idée universellement répandue. Depuis que les diverses parties du monde ont été mises si étroitement en contact, on a compris partout le rôle joué par la race européenne vis-à-vis du reste de l'humanité, et l'importance de l'individu a été mieux appréciée. Les Européens forment une sorte d'aristocratie dont la domination s'étend sur le monde entier. Dans cette société, l'homme occupant la position la plus humble, s'estime l'égal de quiconque, parce que, plus que tout autre, il a contribué à étendre cette domination en sacrifiant sa personne et en se livrant au commerce. Telles sont les raisons qui expliquent de nos jours les mouvements des classes populaires. Le passé et le présent ont écarté tous les obstacles qui pouvaient s'opposer à ces mouvements et leur ont donné de plus une telle énergie, que leur résister est devenu désormais impossible. Depuis plusieurs siècles, l'histoire nous l'a appris, les hommes cherchent partout à établir de plus en plus l'égalité entre eux et dans tous les rapports de la vie. Les croisades et plus tard les guerres avec la bourgeoisie détruisirent le pouvoir de la noblesse militaire. L'aristocratie ecclésiastique disparut dans les pays protestants où le clergé, pris dans les rangs de la bourgeoisie, faisait cause commune avec celle-ci. L'absolutisme, l'influence des jurisconsultes, la nécessité de confier à des hommes de talent la tâche aujourdhui si difficile de diriger l'État, tous ces motifs ont contribué à introduire l'égalité dans la société. Les changements apportés dans l'art de la guerre ont augmenté l'importance du simple soldat. La découverte du Nouveau-Monde, le commerce et la navigation ont été exclusivement favorables à la bourgeoisie, et cette dernière ainsi que la royauté fit aujourd'hui la plus grande opposition à l'envahissement des classes inférieures. Mais, depuis la révolution française, le pouvoir monarchique a perdu tout son prestige; il s'est aliéné la confiance des peuples quand les Bourbons, après la Restauration, violèrent le serment qu'ils avaient fait de respecter les droits de la nation. Sa conduite pendant ces dernières années a achevé de lui faire perdre l'influence morale qu'il exerçait encore sur beaucoup d'esprits, et tout fait présager que son ancienne puissance est à jamais anéantie. Les gouvernements absolus eux-mêmes semblent avoir oublié ce que Jacques Ier appelait *l'art de régner*. La bourgeoisie du reste a rarement fait preuve d'aptitude pour gouverner l'État. Elle ne possède ni l'ambition, ni le loisir d'établir son influence politique en s'arrogeant un pouvoir puissant; elle en a moins encore le goût et l'habitude. Aussi, les différences qui la séparent de la quatrième classe sont-elles d'une tout autre nature et bien moins tranchées que celles qui la séparaient autrefois de la noblesse.

Si, d'une part, les distinctions de classe, les institutions et les formes politiques n'apportent plus aujourd'hui que de faibles obstacles aux efforts de la démocratie, celle-ci trouve, d'autre part, les plus grands encouragements dans les exemples offerts par des États et des gouvernements existants. Trois grands États, régis par des constitutions entièrement différentes, rivalisent de puissance : la Russie, dont l'absolutisme est devenu odieux à tous les peuples du monde civilisé; l'Angleterre, dont bien peu de nations pourraient s'approprier les institutions constitutionnelles; l'Amérique, enfin, dont la constitution démocratique est devenue l'idéal et l'objet des vœux des grandes masses. Inaperçues à l'origine, l'Amérique à l'Ouest et la Russie à l'Est, grandirent et se développèrent. Toutes les deux avaient atteint leur complet développement quand elles apparurent sur la scène de l'histoire. Tandis que Napoléon contribuait à élever la Russie à l'apogée de sa grandeur, l'Amérique obtenait de ce conquérant les moyens d'étendre sa domination sur de plus vastes domaines et d'opposer sa puissance populaire au pouvoir despotique et dynastique de la Russie. L'exemple du rapide développement de la nation américaine, qui, sans roi, sans aristocratie, sans religion de l'État, fleurit heureuse et libre, a exercé sur les peuples une merveilleuse attraction; et son influence, peu remarquée dans le principe, est devenue trop puissante pour qu'on puisse songer à la combattre. La fortune de ce nouvel État attire l'attention des peuples européens fatigués de leurs vieilles institutions. Grâce à la facilité des moyens de communication, on reçoit des émigrants qui ont réussi à s'établir les nouvelles les plus attrayantes sur leur situation prospère, et leurs idées se répandent parmi les classes inférieures des pays qu'ils ont quittés. A cette propagande dont on a constamment méconnu la puissance il faut encore ajouter l'influence de la littérature qui tend dans toute l'Europe à revêtir un caractère démocratique. Parmi les classes instruites il est un nombreux prolétariat auquel la littérature donne le pain de chaque jour, qui offre une main fraternelle aux classes inférieures et prête son concours à l'œuvre de la démocratie. De leur côté, les Polonais, les Hongrois et les Italiens, ces victimes du despotisme, font hors de leur patrie une propagande plus vaste et plus systématique. Cette propagande est nécessairement démocratique, car ses chefs, quelque aristocratiques qu'ils soient, ne peuvent s'adresser qu'aux classes inférieures, la classe moyenne n'existant pas dans leur pays. Mettant de côté tout intérêt personnel, ils font, comme autrefois les Jésuites, cause commune avec tous ceux qui dans le monde sont dépourvus de droits ou ont vu leurs droits

méconnus; mais leurs tendances sont progressives et non rétro-
grades, ils servent la cause du peuple et non celle du despotisme.
Pour combattre sur le terrain des idées ces influences puissantes et
irrésistibles, la politique conservatrice du pouvoir monarchique n'a
d'autres armes que les déclamations serviles et sans importance
d'une partie de la presse. En opprimant et en détruisant les assemblées provinciales, on a anéanti l'unique source de l'éducation
politique; et là même où ces assemblées ont conservé un semblant
d'existence elles ont dû perdre nécessairement et la confiance du
peuple et leur utilité. Un champ libre est donc laissé aux principes
démocratiques. Toutes les voies leur sont ouvertes : et les voies
violentes de la révolution, alors que les socialistes leur donnent
pour mot d'ordre le nom terrible de loi agraire, et les voies plus
paisibles des idées et des mœurs dont l'influence agit sourdement.
Ces principes transforment de plus en plus les idées et les usages ;
les opinions politiques, la conduite des individus et des gouvernements,
de ceux mêmes qui leur sont hostiles subissent leur pouvoir irrésistible.
Les modifications introduites dans la propriété, le partage plus égal
des successions, l'instruction rendue accessible à tous, les rapports
commerciaux devenus plus faciles, tout concourt à amener le rappro-
chement des divers rangs de la société. Les individualités et les
passions les plus opposées se confondent dans le but d'élever les
classes inférieures. La médiocrité des productions littéraires, conséquence du besoin plus général de nourriture intellectuelle, excite le
zèle des écrivains en même temps que celui des lecteurs. Le luxe et
le désir de la jouissance stimulent le pauvre à égaler le riche. En
haine de la bourgeoisie, le parti conservateur a tendu la main au
prolétariat; mais c'est à la philanthropie, qui cherche de mille
manières différentes à venir en aide aux classes indigentes et à les
relever, que l'on doit la création des écoles du dimanche, des écoles
gardiennes, des caisses d'épargne et des lois sur le paupérisme.
Émanciper ceux qu'on opprime et ceux qui souffrent; telle est la
mission du siècle. Cette pensée généreuse a triomphé des intérêts
les plus puissants et des institutions les plus profondément enra-
cinées, en abolissant le servage et la corvée en Europe, et en affran-
chissant les esclaves dans les Indes occidentales. Voilà ce qui donne
à notre époque un cachet tout particulier. Fermeté de croyance et
de conviction, puissance de la pensée, énergie de résolution, parfaite

connaissance du but à atteindre, patience et désintéressement, telles sont les causes qui donnent à un mouvement historique un caractère providentiel et le rendent irrésistible.

Tel est aussi le caractère de la loi qui semble régir la marche des mouvements de ce siècle. L'histoire que nous nous proposons de raconter se divise naturellement en trois parties, et cette triple division a pour base trois mouvements qui se produisent d'une manière aussi inopinée que naturelle. Ces mouvements paraissent émaner d'une force supérieure, et chaque fois qu'ils se manifestent, ils ébranlent presque toute l'Europe jusque dans ses fondements. Ils se succèdent dans le temps en suivant une progression presque géométrique. L'insurrection de Cadix eut lieu cinq ans après la fameuse paix à partir de laquelle nous faisons commencer l'histoire de notre époque; la révolution de Juillet, dix ans plus tard et celle de Février dix-huit ans après. S'il devait encore se produire un mouvement de cette nature, il aurait lieu, d'après la même loi, entre les années 80 et 90 de notre siècle. Chose fort remarquable, pendant l'époque moderne la période finale de chaque siècle nous a toujours présenté le spectacle d'une nation luttant pour sa liberté. Au xviii siècle, c'est la France et l'Amérique, au xvii l'Angleterre, au xvi les Pays-Bas, au xv la Suisse, et même au xiv la Bohême. Ce fait, que nous constatons à propos de ces grands événements, et que nous observons également de nos jours, au sujet d'événements de bien moindre importance, nous pouvons le considérer comme un jeu du hasard. Mais il se reproduit encore à l'égard des peuples qui prennent part aux mouvements de notre époque. Les révolutions qui ont eu lieu en 1820 dans les pays romans du Sud ne furent que des conspirations militaires auxquelles le peuple ne prit qu'un médiocre intérêt. Le signal de la révolution de Juillet partit de la seconde chambre du parlement, et la bourgeoisie remporta la victoire. En 1848, tous les peuples se soulevèrent dans les pays mêmes où la république n'était pas l'objet de leurs vœux.

La même particularité se remarque encore au sujet des pays où la révolution se fit sentir. La commotion venue de l'Espagne ne s'étendit que sur la partie méridionale de l'Europe. La révolution de juillet ébranla la France, la Belgique, une partie de l'Allemagne, la Pologne, l'Espagne et l'Angleterre. Les événements de 1848 atteignirent l'Italie, la Prusse et l'Autriche, qui jusqu'alors avaient paru inébranlables ;

la contagion gagna même les États qui n'auraient jamais dû être atteints que par des commotions venues de l'Est. Enfin, cette progression que nous avons remarquée dans le temps et à l'égard des peuples et des pays, peut s'observer aussi dans la direction que suit le mouvement. Depuis l'époque de la Réformation, nous avons vu la liberté diriger sa marche plus particulièrement vers le Nord, chez les peuples d'origine germanique et atteindre l'Amérique, où une barrière naturelle la força de s'arrêter. Depuis lors, elle dirigea sa marche de l'Ouest vers l'Est. La France fut le premier pays où elle aborda, mais où elle eut aussi le plus de peine à s'introduire. L'Est tout entier, et même les pays libres de l'Ouest, se levèrent contre ce nouvel hôte, mais trop tard, car il s'était déjà installé. Les mouvements de 1820 partis de l'Amérique du Sud gagnèrent l'Espagne, puis l'Italie et la Grèce, en suivant une marche progressive vers l'Est. La révolution de juillet ramena la liberté en France, et ses effets se firent sentir en Espagne, en Belgique, ainsi que dans la vieille Angleterre ; elle chercha même à atteindre la Pologne. En 1848, le centre de l'Europe fut ébranlé et la révolution, pénétrant jusqu'aux rives du Dniester et du Niémen, attaqua le principe conservateur jusque dans ses derniers retranchements. Peut-être reconnaîtra-t-on dans la marche de ce mouvement l'influence prépondérante de la destinée. Quand les ressources des États-Unis viendront à suffire à leurs besoins, et ce moment est proche, quand les autres peuples se verront refuser le droit de s'établir en Amérique, le nombre des émigrants européens diminuera et les rapports commerciaux avec l'Ouest cesseront peu à peu. A mesure que l'Europe verra se fermer à elle la route de l'Ouest, elle se tournera vers l'Asie et ouvrira de nouveau au commerce et à la civilisation les anciennes voies de cette partie du monde qui attend sa régénération. Mais, pour atteindre ce résultat, il faut que les peuples européens soient libres ; sinon les avantages que ce nouvel avenir fait présager seront à jamais perdus pour ceux qu'ils intéressent le plus.

La liberté triomphera à l'Est, l'histoire semble en donner la certitude. Il est cependant impossible de prévoir au prix de combien d'obstacles, de réactions et de défaites la liberté obtiendra ce triomphe.

Une même loi régit en général la marche de l'histoire ; mais le caractère particulier de chacun des événements dépend de la volonté de l'homme, à l'activité duquel un champ libre a été laissé. La victoire appartiendra-t-elle à la république ou à la monarchie, à la forme constitutionnelle ou à la forme démocratique? Un gouvernement libre sera-t-il établi temporairement seulement ou d'une manière permanente? La quatrième classe doit-elle obtenir des droits et des institutions vis-à-vis des autres classes, ou bien s'assimiler à elles, former avec elles une seule et même société. Ce sont autant de questions dont la solution dépend de l'habileté des autres classes et des pouvoirs politiques, de l'opportunité ou de la folie de leur résistance. La tournure que prendront les événements pendant cette période remarquable dépendra de l'attitude de deux peuples : du peuple français et du peuple allemand.

Nous avons vu pendant des siècles la France ballottée par les éléments germains et celto-romans, vacillant entre le catholicisme et le protestantisme, entre la religion et le libertinage, entre la superstition et l'incrédulité, entre la corruption et la simplicité des mœurs, entre la stagnation et le progrès. Ses institutions penchent tantôt vers l'absolutisme, tantôt vers l'anarchie. Elle cherche un appui dans les classes élevées, quand le secours ne peut lui venir que des classes inférieures, et requiert l'assistance de ces dernières quand l'union de toutes peut seule lui venir en aide. Les diverses formes de gouvernement qu'elle adopte ont toujours un caractère despotique, et cependant elle fait usage de l'insurrection comme d'un droit. Infidèle à la monarchie, elle ne s'attache pas davantage aux institutions constitutionnelles et n'est pas encore mûre pour la république. Les récentes doctrines émises par ses chefs de partis font preuve de la même versatilité que celle que nous avons observée dans l'ensemble de son histoire : même penchant à tomber dans les extrêmes, mêmes contradictions entre les moyens employés et le but à atteindre. Elles compromettent la liberté en exagérant le principe de l'égalité, et l'égalité, en réclamant une liberté qui touche à la licence. Elles professent partout la plus grande haine contre l'autorité, et se montrent toujours avides de s'en emparer. Elles réclament une liberté exagérée et voudraient tout soumettre à une nouvelle dictature ou papauté romaine. Leur devise est : « Tout par le peuple, » et elles ne font rien pour le peuple. Elles voudraient relâcher toutes les institutions de l'État, et demandent pour y parvenir un pouvoir plus fort que celui qui existait à Sparte. Elles aspirent à un progrès tel qu'on n'en vit jamais et tâchent de réaliser un communisme que l'on ne rencontre que chez les peuples barbares ou chez des nations comme la Russie et l'Égypte. Elles proclament le dogme de la fraternité, et attaquent ce que le sauvage même respecte : la propriété et la famille. Elles parlent sans cesse de christianisme, et célèbrent les horreurs du meurtre et du pillage. C'est par le sang versé sur les barricades qu'elles comptent cimenter un ordre de choses nouveau et stable. Elles prennent pour armes les idées les plus nobles, et se déshonorent par les vices les plus honteux. Elles veulent franchir l'abîme qui sépare la réalité défectueuse des améliorations possibles, et croient le combler au moyen des vaines fumées de chimères irréalisables.

De là cette conséquence, que parmi les hommes qui dirigent les partis en France, les uns soutiennent avec Lamartine que la nation est encore saine et vigoureuse, tandis que les autres prétendent avec Guizot que les Mirabeau, les Barnave, les Napoléon et les Lafayette avaient raison de désespérer de l'avenir de la France, qu'ils considéraient comme un corps décrépit par les ans. Reste à voir si la France succombera, comme l'Italie au temps de Machiavel, sous le poids de cette malédiction politique : à savoir que la particularité de son caractère, qui l'empêche d'être jamais satisfaite de rien, la rend aussi peu propre à l'obéissance qu'à la liberté. Nous verrons si les institutions germaniques, qui seules peuvent lui assurer son indépendance consacrée par la loi, prévaudront, ou si, en dépit des sacrifices immenses que lui ont coûtés ses révolutions, elle retombera dans la torpeur des nations romanes, dont l'Italie et l'Espagne semblent sortir aujourd'hui. De la solution de cette question dépend la solution d'une autre question plus importante encore : la marche de l'histoire sera-t-elle paisible et régulière ou orageuse et déréglée ?

L'aspect actuel des affaires de l'Allemagne nous cause autant d'anxiété pour l'avenir de notre peuple. Dès les premiers temps de son histoire, ce pays s'est vu dépouiller de ses meilleures forces. Il a envoyé quantité de ses fils les plus vigoureux dans des croisades et des expéditions faites à l'avantage de Rome, et des tribus entières ont émigré pour peupler les contrées slaves. Il a acheté la régénération du monde au prix de son propre affaiblissement que les émigrations augmentent chaque jour par l'exportation ruineuse d'hommes et d'argent qui appauvrit et affaiblit la patrie. Aussi, quand la découverte de l'Amérique eut ouvert aux peuples des voies nouvelles, nous avons dû cesser de prendre part aux mouvements extérieurs du monde. La Suisse et les Pays-Bas, les plus actifs de nos voisins de l'Ouest, se détachèrent de nous ; nos grandes puissances de l'Est, la Prusse et l'Autriche, se donnèrent une existence propre, et le reste du corps, affaibli et divisé, demeura, dans son inertie, le jouet de tous les éléments actifs et énergiques. La situation et les ressources du pays ne pouvait manquer d'exciter la convoitise des deux grandes puissances dont nous venons de parler. Mais ce fut aussi précisément la raison pour laquelle il n'appartint jamais à aucune d'elles d'une manière intime et durable. Il renfermait trop d'éléments de puissance, pour ne pas soulever contre lui le monde entier chaque fois que les circonstances semblaient favorables à son annexion à l'un des deux États mentionnés plus haut. Notre sort, qui semble être celui de toutes les nations fractionnées, est de former, comme la Judée, la Grèce et l'Italie moderne, un peuple cosmopolite, et d'être satisfaits des avantages intellectuels que nous nous sommes procurés et dont nous avons en même temps gratifié l'humanité. Ces particularités de notre existence nationale, qui révèlent sans contredit le caractère du peuple, semblent devoir éteindre en nous tout espoir patriotique. Mais l'histoire si remplie de problèmes nous offre des particularités d'une autre nature qui raniment nos espérances. Depuis la Réformation, l'histoire d'Allemagne a suivi la marche régulière, bien que plus lente, de l'histoire d'Angleterre et de l'histoire de France. La liberté religieuse que nous devons à la Réforme, et la liberté intellectuelle dont nous sommes redevables à la littérature du siècle dernier nous ont conduits au seuil de la liberté politique. Tout nous fait espérer que nous obtiendrons cette dernière dans une mesure proportionnée aux préparatifs que nous avons faits pour la recevoir. Mais jetons un regard sur l'ensemble de l'histoire d'Allemagne et comparons ses commencements avec l'époque actuelle : que de motifs d'espérer ! L'Angleterre, à chacune des phases de son développement historique, montra, comme nous l'avons dit précédemment, un degré de perfection différent ; le même fait paraît se reproduire en Allemagne, mais d'une autre manière. Nous avons regardé la période anglo-saxonne des rois patriarches comme offrant dans l'histoire

d'Angleterre plus d'importance et d'intérêt qu'aucune autre. Mais l'époque des premiers Hohenstaufen, avec laquelle nous pouvons la comparer en Allemagne, offre bien plus d'intérêt, de grandeur et de gloire. Nous avons reconnu à l'aristocratie anglaise plus de capacités politiques qu'à aucune autre. Mais l'aristocratie allemande, dont les chefs ne cherchaient à parvenir au pouvoir qu'en maintenant la paix publique, impossible dans d'autres pays sans le pouvoir absolu d'un prince pour la protéger contre les grands, fit preuve d'autant de capacités que l'aristocratie anglaise et déploya même plus de forces que partout ailleurs. En Angleterre, dans un État monarchique merveilleusement favorisé, l'absolutisme a produit plus de bons que de mauvais résultats. S'il n'a pu être avantageux à l'Allemagne, dépourvue de toute unité, ce pays en a au moins fort peu ressenti les funestes conséquences. Ces deux éléments, l'aristocratie et l'absolutisme, n'ont pas été combinés et organisés en Allemagne comme en Angleterre. C'est l'aristocratie qui a neutralisé l'Empire et l'a, de fait, renversé. Si, de même que l'aristocratie a succédé à l'Empire, la démocratie parvient à remplacer l'aristocratie, en s'en isolant et en se constituant dans ses éléments propres, sans causer de trop grands bouleversements ni l'épuisement qui en est la suite, l'histoire d'Allemagne continuera sa marche avec une sécurité digne d'envie dans la voie de grandeur modeste qu'elle a toujours suivie. Ce résultat, s'il est possible, ne peut être atteint par une nation démembrée et énervée que lentement et après des rechutes et des désillusions sans nombre. Il serait du reste fort difficile d'y parvenir sans le secours étranger, et tout à fait impossible, sans le concours du temps et des circonstances. Ce résultat obtenu, et la nature persévérante et saine du peuple nous permet d'espérer qu'on l'obtiendra, l'Allemagne prendra la position importante, occupée jusqu'ici par la France. Alors, elle aura moins encore que l'Angleterre la possibilité de jouer le rôle d'un État conquérant et n'en aura pas davantage le désir. L'unique but de sa politique sera de transformer en fédérations les grands États dont l'unité est si redoutable. Ces fédérations, qui présentent à la fois les avantages des grands et des petits États, sont un gage certain de la liberté universelle et de la propagation paisible des idées civilisatrices.

FIN DE L'INTRODUCTION.

ERRATA.